变革的
力量

供应链数字化
转型实战

徐伟　燕雷　陈浩—————著

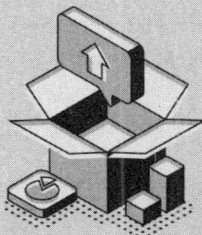

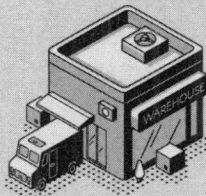

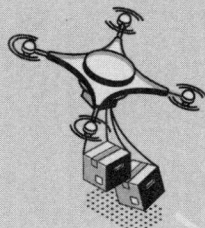

中国铁道出版社有限公司
CHINA RAILWAY PUBLISHING HOUSE CO., LTD.

图书在版编目（CIP）数据

变革的力量：供应链数字化转型实战 / 徐伟, 燕雷,
陈浩著. -- 北京：中国铁道出版社有限公司, 2025. 3
ISBN 978-7-113-31589-4

Ⅰ. F426.4-39

中国国家版本馆CIP数据核字第2024LL3223号

书　　名：变革的力量——供应链数字化转型实战
BIANGE DE LILIANG: GONGYINGLIAN SHUZIHUA ZHUANXING SHIZHAN

作　　者：徐 伟　燕 雷　陈 浩

责任编辑：马慧君　　编辑部电话：(010) 51873005
封面设计：宿　萌
责任校对：刘　畅
责任印制：赵星辰

出版发行：中国铁道出版社有限公司（100054，北京市西城区右安门西街8号）
网　　址：https://www.tdpress.com
印　　刷：河北宝昌佳彩印刷有限公司
版　　次：2025年3月第1版　2025年3月第1次印刷
开　　本：710 mm×1 000 mm　1/16　印张：13.25　字数：163千
书　　号：ISBN 978-7-113-31589-4
定　　价：68.00元

前　言

在全球化经济的大潮中，供应链作为连接生产、销售、消费等各个环节的桥梁，其重要性日益凸显。随着科技的飞速发展，数字化技术已成为推动供应链创新和升级的关键动力。本书旨在深入探讨供应链数字化的前沿理念、技术实践及落地场景，为企业实现供应链优化、提升竞争力提供有益参考。

本书共分为上、中、下三篇，从多个维度对供应链数字化进行深入剖析。

（1）关注数字化浪潮的来临，顺应时代潮流，积极拥抱新技术、新思想。

（2）了解仓库管理、客户关系管理、大数据与供应链战略等核心领域，探讨如何利用先进技术提升供应链管理的精细度和效率。

（3）关注区块链技术在供应链溯源方面的应用，分析如何通过信息透明化、及时溯源和智能合约等手段打造更可靠的供应链体系。

（4）重点关注供应链数字化的落地场景，从决策数字化、采购数字化、制造数字化、仓储数字化、物流数字化、交付数字化及供应链金融数字化等多个方面，探讨数字化技术在供应链各个环节的具体应用和实践案例。通过对这些案例的分析，我们将帮助读者更好地理解数字化技术在供应链中的应用价值，为企业实现供应链数字化提供有益的启示和借鉴。

希望通过本书的探讨，能够激发更多企业和个人对供应链数字化的兴趣和热情，共同推动供应链数字化的发展和创新。让我们携手共进，迎接数字化时代下的供应链新变革！

作　者

2025 年 1 月

目 录

上篇 数字化转型势不可挡

中篇　供应链数字化技术架构

第 3 章　AI：供应链发展走向生态共生 / 36

上篇
数字化转型势不可挡

01

第 1 章
破局：拥抱供应链数字化时代

在当前商业环境下，供应链作为企业运营的核心组成部分，也迎来了前所未有的变革。为了在激烈的市场竞争中实现卓越表现，企业须破局实现供应链数字化，通过运用供应链的主流模式和发掘供应链的潜力，重塑供应链的运作方式，实现更高效、更灵活、更透明的运营，拥抱供应链数字化时代。

1.1　如何看待供应链数字化

供应链数字化作为连接产业链上下游的重要纽带，正在重塑传统产业格局，成为推动经济发展的关键力量。这一变革不仅代表了企业管理模式的创新，更是推动企业向智能化、高效化方向发展的关键所在。从积极的角度来看，供应链数字化的优点如图 1.1 所示。

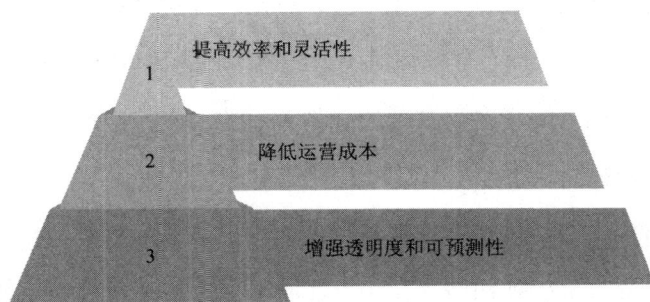

图 1.1　供应链数字化的优点

1. 提高效率和灵活性

数字化技术具备实时追踪与监控供应链各环节的能力，为企业提供了及时发现问题并做出相应调整的手段，进而提升了供应链的响应效率与灵活性。

此外，数字化技术能有效实现数据和信息的自动化处理，大幅减少人工参与及潜在错误，从而优化供应链的运作效率与精确度。

2. 降低运营成本

数字化技术通过实时收集和分析数据，为企业提供了更精准的市场需求预测能力，进而帮助企业优化生产计划和库存管理，提升运营效率。

这种预测能力的提升有助于减少企业在生产过程中的库存积压和过剩生产，降低仓储和资金占用成本。此外，数字化技术还可以降低人力成本，提高工作效率，从而进一步降低企业的运营成本。

3. 增强透明度和可预测性

企业通过运用数字化技术，得以实时追踪和分析数据，从而精准掌控供应链的每个环节。这种透明度的提升，使企业可以及时发现潜在的问题，迅速采取措施进行调整。这有助于企业作出更准确的决策，并减少供应链风险。

企业通过建设供应链数字化平台，推动产业链的整合与协同工作。此平台为供应商、生产商、分销商等各方提供了信息共享和资源互补的机会，进而促进了它们之间紧密而有效的合作关系的形成。这种协同效应有助于提升整个产业链的竞争力，推动产业升级和转型。

综上所述，供应链数字化是重塑产业格局的关键力量。它通过提高供应链的透明度、灵活性和效率，为企业带来了巨大的机遇和挑战。在数字化时代的浪潮中，企业应积极拥抱变革，深化技术创新，为经济的持续增长注入新的动力。

1.1.1 你真的了解供应链数字化吗

数字化供应链的目标是优化供应链的运作，从采购原材料到生产、分销和交付产品，以满足客户需求，并在整个过程中降低成本和风险。

在供应链数字化的过程中，数据是核心。企业通过数字化技术收集和分析来自供应链各个环节的大量数据，可以获得更深入的洞察，预测市场趋势，优化库存管理，提高生产效率，降低运营成本。此外，数字化技术的运用能助力企业在供应商关系管理方面实现优化，进而提升供应链的稳固性与应变能力。

在供应链数字化的进程中，加强其灵活应变能力至关重要。企业利用数字化技术，实现供应链内货物流转情况的实时追踪和监控，进而准确把握产品的即时位置和状态信息。此措施不仅有助于企业精准把握客户需求，提升客户满意度，而且在遭遇突发事件时，能够迅速应对，有效减少潜在风险。

然而，供应链数字化也面临着挑战，如数据安全和隐私保护、技术投资回报率，以及需要跨部门和跨企业的协作等。因此，企业在推进供应链数字化时，需要制定明确的战略规划，选择合适的技术解决方案，培养具备数字化技能的人才队伍。

综上所述，供应链数字化是一种高效的方法，通过运用尖端科技对传统供应链运作进行改进和优化。此项变革不仅对传统供应链的管理方式进行了根本性的改进，更显著提升了供应链的运作效率和应变能力，为企业更好地迎合市场需求、削减成本及降低风险提供了坚实的技术支撑。

1.1.2　价值分析：供应链数字化的作用

供应链的顺畅运作在企业发展中具有至关重要的作用，实现供应链数字化则是达成这一目标不可或缺的核心策略。供应链数字化对供应链的各个环节进行优化和升级，使企业能够更好地应对市场变化，满足客户需求，实现可持续发展。经过对供应链价值的深入剖析，供应链数字化所发挥的作用主要表现在四个方面，如图 1.2 所示。

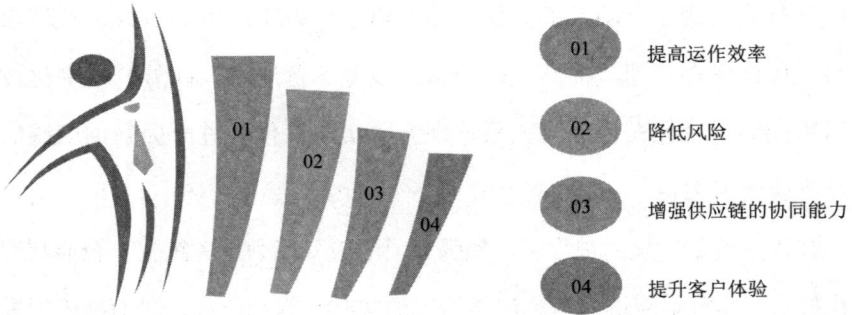

图 1.2　供应链数字化所发挥的作用

1. 提高运作效率

企业通过运用先进的数字化技术，实现物流信息的顺畅交换，企业能够有效提升整个供应链的运作效率。此举不仅有助于降低生产成本和库存成本，进而增强企业的盈利能力，更在市场竞争中赋予企业显著优势。

2. 降低风险

通过数字化技术的赋能，企业能够实时监控和管理供应链的各个环节，确保对潜在风险的及时发现与解决，进而提升企业整体的风险防范能力。

3. 增强供应链的协同能力

供应链数字化旨在通过改进信息流通机制，加强企业与供应商、分销商及合作伙伴之间的协作效能与配合程度，以实现整体运营效率的提升。企业通过数字化技术实现实时数据共享和需求预测，供应链各方能够更加精准地对接生产计划与物流安排，进而提升整个供应链的响应效率与灵活性。

4. 提升客户体验

供应链数字化技术为企业在供应链管理上带来了更多可能性，企业通过有效地应用数字化技术，不仅能够提高产品和服务的品质，还能进一步增强客户的满意度和忠诚度。

例如，某知名电商企业通过引入供应链数字化系统，实现了对供应链的全面掌控和精细化管理。该企业利用大数据分析技术对客户行为进行深入挖掘，准确预测市场需求，从而优化生产计划和库存结构；通过物联网技术对货物进行实时追踪和监控，确保货物的准时送达和质量安全；该企业还利用区块链技术建立了透明、可信的供应链金融体系，有效降低了融资成本和风险。

再如，其他行业的企业也纷纷引入供应链数字化系统，以提升自身的竞争力。某汽车制造企业通过引入数字化供应链管理系统，实现了对供应商的实时评估和管理，确保了零部件的稳定供应和质量安全。某农产品加工企业利用区块链技术建立了追溯体系，客户可以轻松了解产品的生产、加工和运输过程，从而增强了客户的信任度。

总之，供应链数字化是企业数字化转型的关键组成部分。企业需要深入理解和应用数字化技术，不断优化供应链的管理和决策，从而实现更高效、更灵活、更可持续的供应链运营。

1.1.3　供应链转型面临的三大挑战

供应链是确保企业长期稳定发展的基石，与组织架构和人力资源配置相互关联，共同助力企业实现持续、稳健的发展。鉴于供应链在企业运营中占据的核心地位，其数字化转型势必要求企业决策层、基层执行人员、上游供应商及下游经销商等多方主体共同协作，以确保转型过程的顺利进行。

企业在供应链管理中面临三大挑战：一是确保供应链各环节的高效协同，促进供应链各环节之间的信息共享与协同协作；二是保障供应链数据安全，防范潜在风险和维护企业利益；三是吸引和留住合适的人才，以提升供应链的专业能力和创新能力。这些挑战需要企业以严谨、稳重的态度进行应对，采取科学有效的措施，确保供应链管理的持续优化和发展。

1. 确保供应链各环节的高效协同

在提升企业竞争力方面，供应链的高效协同发挥着至关重要的作用。然而，在供应链转型过程中，由于存在数据孤岛、数据标准不统一及供应链各环节发展水平不均等问题，实现高效协同并非易事。这需要企业打破数据壁垒，建立统一的标准和平台，促进各环节之间的信息共享和协同合作。

2. 保障供应链数据安全

企业在推进供应链数字化的进程中，由于大量数据的生成与传输，数据安全和隐私保护面临严峻挑战。大型企业通常具备高度敏感的供应链数据，这些数据的访问权限受到严格限制。由于技术人员通常无法获得完整的数据视图，他们在分析和优化业务流程时面临诸多挑战。这使得企业从全局视角出发，深入剖析数据并发现潜在改进机会变得困难重重。

3. 吸引和留住合适的人才

要实现供应链数字化转型，企业需要依赖尖端科技的助力。然而，鉴于技术发展的日新月异，众多企业在采纳和运用新技术时面临诸多挑战。同时，专业人才的匮乏成为制约供应链转型的关键因素。

供应链数字化转型是一个复杂的过程，需要企业在技术创新、数据安全、人才培养等多个方面进行综合施策。同时，企业持续的监控和评估以及灵活的策略调整也是确保供应链数字化转型成功的重要因素。

1.2　创新：供应链数字化主流模式

创新在供应链数字化中体现在多个方面，是供应链数字化的主流模式。通过不断创新，企业可以推动供应链数字化向更高层次、更广领域发展，进而实现供应链更加高效、智能和可持续发展。

1.2.1　嵌入式供应链：服务渗透

嵌入式供应链正逐渐成为企业竞争的新焦点。这种模式通过整合供应链的各个环节，实现服务的无缝渗透，为企业带来了前所未有的机遇和挑战。

嵌入式供应链的核心在于服务渗透。这种模式通过提供个性化、差异化的服务，满足客户的特定需求，从而建立起深厚的客户关系。

金蝶信科凭借其在嵌入式供应链金融服务领域的尖端技术，经过深思熟虑与精心策划，针对小微企业融资需求的特殊性，成功推出了一款高效且创新性的融资解决方案。这种服务模式将金融服务深度整合到供应链管理中，使得小微企业在供应链的每个环节都能获得必要的资金支持，从而提高了服务渗透率。

（1）金蝶信科利用其在供应链管理软件领域的优势，将金融服务与供应链管理系统无缝对接。这种集成使得小微企业在使用金蝶信科的供应链管理软件时，能够直接申请和管理贷款。例如，当小微企业需要采购原材料的资金时，可以通过系统直接申请贷款，而无须烦琐的审批流程。

（2）金蝶信科利用数字化技术，对小微企业的信用状况进行精准评估。此评估系根据企业历史交易数据、财务状况及市场表现进行，旨在协助金融机构更精确地评估企业的偿债能力。基于这些数据，金蝶信科能够为小微企业提供个性化的贷款产品和服务，如无抵押贷款、信用贷款等。

（3）金蝶信科的嵌入式供应链金融服务还涉及与供应链上下游企业的紧密合作。通过与供应商和分销商的合作，金蝶信科能够为小微企业提供更加灵活的付款条件和融资方案。例如，企业可以通过供应链融资提前支付给供应商，从而获得更好的采购价格和交货条件。

（4）金蝶信科的嵌入式供应链金融服务还注重可持续发展。通过为小微企业提供合理的融资成本和灵活的还款计划，帮助企业改善现金流管理，降低财务风险。同时，金蝶信科还鼓励企业采取环保和社会责任措施，以实现供应链的绿色化和可持续发展。

综上所述，嵌入式供应链是一种全新的供应链管理模式，它通过深度整合供应链的各个环节，实现服务的无缝渗透。

1.2.2 弘扬 ESG 理念的生态型供应链

ESG 理念的生态型供应链是在供应链中全面融入 environmental（环境）、social（社会）和 governance（治理）三大维度的责任标准，构建一个既能实现经济效益又能促进环境保护的社会责任的供应链体系。

联想的供应链体系遍布全球，面临着复杂多变的风险挑战。联想公司宣布，为加强供应链韧性，将全面推行 ESG 理念至供应链管理的各个环节。联想的这一举措有助于构建更加稳健、可持续的供应链体系，为联想的长远发展奠定坚实基础。

在环境保护方面，联想在全球范围内实施能源管理计划，通过采用节能技术和设备，提高能效，减少能源消耗。例如，联想在工厂内引入了太阳能发电系统，减少对化石燃料的依赖。并且，联想推行绿色制造流程，从产品设计就开始考虑到环境影响，采用可回收材料，减少生产过程中的废物产生。

在社会责任方面，联想在全球范围内开展社区投资项目，支持教育、健康和环保等领域的发展。例如，联想的"Lenovo Foundation"基金会致力于提高教育水平，尤其是在科技教育领域。并且联想确保其产品符合安全标准，不对客户构成健康风险。

在公司治理方面，联想遵守法律法规，建立了严格的内部控制体系，以确保供应链的合规性。联想设立了专门的合规部门，负责监督供应链的合规情况。联想还建立了供应链风险管理框架，识别和应对潜在的环境、社会和治理风险。

弘扬 ESG 理念的生态型供应链，不仅有助于企业实现可持续发展，也是现代企业社会责任的重要体现。联想的生态型供应链实践表明，企业可以通过积极实施 ESG 行动，实现经济效益与社会效益的双赢。

1.2.3　统一的供应链交易平台必不可少

统一的供应链交易平台是一个集成了多个供应链环节的信息系统，通过该平台，企业可以方便地进行原材料采购、生产管理、物流配送、销售等操作。统一的供应链交易平台，有助于企业简化交易流程、提高管理效率并降低运营成本。

统一的供应链交易平台具备多种功能特点和优势：该方案能够实现供应链各环节信息的共享与实时更新，从而确保企业能够及时获取到准确的数据；平台支持在线交易和协同办公，简化了交易流程，提高了工作效率；平台提供数据分析功能，帮助企业优化供应链管理决策。

英诺森作为供应链一体化管理领域的领军者，其核心理念在于通过整合并优化企业内外部的各个供应链环节，以达到供应链的全面管理和协同运作的目标。该平台的核心优势如图 1.3 所示。

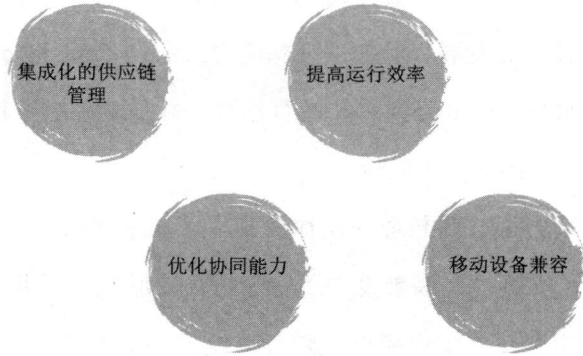

图 1.3　英诺森平台的核心优势

1. 集成化的供应链管理

英诺森平台将供应链的各个环节整合在一起，实现了数据的无障碍流动和业务流程的自动化。

2. 提高运行效率

英诺森平台通过整合供应链各环节，运用自动化流程和智能决策技术，优化运营流程，减少人为因素干扰，有效提升供应链运营效率。英诺森平台通过持续监控供应链的各个环节，企业得以更加迅速地应对市场变动，从而显著提升了商家的灵活性和响应速度。

3. 优化协同能力

英诺森平台通过技术支持，助力供应链各方在各个环节实现协同决策，从而有效提升整体运作效率。该平台成功地连接了供应链上下游的商家，实现了信息与资源的共享与互通，显著增强了整个供应链的协同合作能力。

4. 移动设备兼容

英诺森平台支持移动设备访问，使得企业可以随时随地监控和管理供应链。

英诺森供应链一体化管理平台（supply chain one，SCO）的实施，有助于企业实现供应链的透明化、智能化和精细化管理，从而提升企业的整体竞争力。

1.2.4　百胜中国的供应链变革方案

百胜中国，作为餐饮行业的佼佼者，积极应对市场的高速变化，在供应链管理领域采取了一系列创新变革措施，以维持和提升其行业竞争力。

（1）百胜中国通过与本地供应商合作，实现了供应链的本土化。供应链本土化策略旨在缩短供货周期，同时积极扶持并发展本土优秀供应商，如福建圣农、北京华都及郑州思念等，致力于构建百胜自有物流体系。供应链本土化还有助于降低运输成本，并减少因长距离运输造成的碳排放。

（2）为了解决供应商的资金周转问题，百胜中国推出了供应链金融服务。通过这种方式，供应商可以获得更灵活的付款条件，从而改善现金流状况，同时也增强了供应链的稳定性。

（3）百胜中国利用数字化工具和技术来优化供应链管理。例如，通过使用区块链技术，百胜中国能够确保供应链中的食材来源可追溯，提高食品安全水平。此外，百胜中国还建立了一个集中的供应链管理系统，实现了对供应链数据的实时监控和分析。

（4）百胜中国致力于构建绿色供应链，通过采用环保包装材料、减少食物浪费和提高能源效率等措施，减少对环境的影响。百胜中国还鼓励供应商采取可持续的生产方式，共同推动整个供应链的绿色发展。并且，百胜中国通过营销策略，鼓励消费者减少碳排放。例如，肯德基中国在其官方超级 App 中新增了减少碳排放的互动专区，旨在将环保低碳的核心理念深度融入消费者的日常点餐与用餐行为之中。此举旨在鼓励广大消费者积极参与节能减碳行动，共同为实现绿色可持续发展目标贡献力量。

此外，百胜中国为加强物流领域的战略布局，已正式组建传胜供应链管理有限公司作为其全资子公司。此举旨在进一步提升物流效率、优化供应链管理，并为公司未来的业务拓展提供强有力的支撑。百胜中国布局了超过三十个物流中心，并成功构建了物联网冷链监控系统，以推动供应链物流的数字化转型。借助车载温度监控设施与大数据、边缘计算、云计算等前沿技术的深度融合，冷藏运输车的实时温度、轨迹等关键数据能够迅速上传至物联网冷链监控系统，从而确保冷链全链运营的透明度和可追溯性。

通过这些供应链变革措施，百胜中国的供应链管理水平得到了显著提升，为公司的业务增长和市场竞争力提供了强有力的支持。

1.3　前景广阔：供应链数字化潜力无限

供应链数字化的潜力巨大且充满无限可能。随着技术的不断进步和应用的深入，供应链将变得更加智能、高效和灵活。

1.3.1　新业务、新产品、新市场、新商业模式

随着数字化技术的深入发展，供应链管理正经历着前所未有的变革。这种变革不仅提高了企业供应链的灵活性和透明度，更为企业开辟了新的业务、产品、市场以及商业模式。

数字化技术为企业供应链提供了前所未有的数据洞察能力。通过大数

据分析、云计算和人工智能技术，企业可以实时监测市场动态、消费者需求和竞争态势。这种洞察可以助力企业快速作出决策，把握市场机遇，从而开拓新的业务领域。

数字化技术对于企业新产品的开发和上市具有显著影响。通过利用数字化工具，企业可以加速产品研发过程，缩短产品上市时间。例如，利用虚拟现实（virtual reality，VR）技术和增强现实（augmented reality，AR）技术，企业可以在产品设计阶段进行更直观模拟和测试，从而降低开发风险。此外，供应链数字化还使得企业能够更精准地预测产品需求，优化库存管理，确保产品的及时供应。

数字化技术为企业进入新市场提供了强大支持。通过数字化渠道，企业可以更容易地触达全球客户，扩大市场份额。例如，跨境电商平台的兴起使得企业能够轻松地将产品销售给海外消费者。同时，供应链的数字化也降低了市场进入的门槛，使得中小企业有更多机会参与国际竞争。通过供应链的全球化布局，企业可以更灵活地应对不同市场的需求和法规要求。

数字化技术推动了企业新商业模式的创新。例如，共享经济模式的兴起得益于供应链的灵活性和可扩展性。企业通过数字化平台，可以更高效地匹配供需双方，实现资源的优化配置。此外，供应链的数字化还催生了如按需生产、定制化服务等新型商业模式。这些模式使得企业能够更好地满足消费者个性化需求，提高客户满意度。

1.3.2 关键词：一体化 + 定制化 + 数字化

供应链数字化的三大关键词——一体化、定制化和数字化，是现代供应链的核心要素。

首先，一体化意味着供应链各环节之间的无缝衔接与协同作业。企业通过一体化，能够实现对整个供应链的全面管理和优化，提高供应链的效率和灵活性。一体化供应链有助于企业消除信息孤岛，实现信息的快速共享和流通，从而帮助企业作出更准确的决策。例如，企业采用集成的供应链管理系统可以实时跟踪库存水平，优化生产计划，并确保及时交付。

其次，定制化是企业根据客户的具体需求，提供个性化的供应链解决方案。随着市场竞争的加剧，客户对产品和服务的需求越来越多样化，因此，供应链需要具备快速响应和灵活调整的机制，以满足客户的个性化需求。

最后，数字化是企业利用先进的技术手段，将供应链各个环节的信息进行数字化处理和分析，以提高供应链的透明性和可预测性。数字化有助于企业实现供应链的智能化和自动化，降低运营成本，提高运营效率。

在实践中，企业需要将这三个关键词有机结合起来。例如，企业通过数字化手段实现供应链的一体化管理，同时利用这些数据支持定制化生产。这样，企业不仅能够提高运营效率，还能更好地满足客户的需求，最终实现供应链的优化和价值最大化。

综上，一体化、定制化和数字化是供应链数字化转型的关键要素。通过实现这三个方面的优化和创新，企业可以构建一个高效、灵活、智能的供应链体系。

1.3.3　如何应对供应链数字化时代

随着科技的发展，数字化已成为推动供应链变革的核心动力。在这个时代背景下，企业如何应对供应链数字化带来的挑战，并充分利用其带来的机遇，已成为一个值得深思的问题。喜力啤酒在应对供应链数字化时代的挑战时，已经成功地打造了一个高效稳定的全球化供应链体系。

喜力啤酒在全球范围内拥有广泛的业务布局，涵盖众多国家。其品牌组合丰富多样，旗下拥有超过 300 个高品质的啤酒品牌。彰显了其在啤酒行业的卓越实力与广泛影响力。其庞大的业务网络对供应链管理提出了严峻挑战。喜力啤酒供应链面临的挑战来自以下几个方面：

1. 原材料价格的不稳定性

喜力啤酒的生产流程以一系列核心原料为基础。这些原料的成本受到市场动态、气候条件以及季节更替等多重外部环境的深刻影响，进而造成其价格产生显著的不稳定性。当价格出现上涨时，生产成本亦会相应增加，这将对供应链的平稳运行产生不利影响。

2. 物流运输问题

喜力啤酒的生产与分销网络遍布全球多个国家和地区，这使得其在供应链中对于运输和物流环节的需求变得更加苛刻。然而，在物流运输环节，存在多种潜在因素，如天气变化、交通状况以及海关检查等，均可能引发运输延误甚至中断的风险。此外，物流费用的不断攀升也进一步加剧了供应链运作的不确定性。

3. 市场需求的波动

鉴于消费者偏好的不断演变与市场竞争的逐步升温，喜力啤酒所面临的市场需求亦呈现出持续波动的态势。如果供应链无法及时应对这些需求波动，可能会导致库存积压或供应短缺，从而对供应链的稳健运行造成不利影响。

4. 合作伙伴

喜力啤酒在供应链管理方面，构建了一套周全的合作伙伴体系，该体系涵盖了供应商、分销商及物流服务商等多重角色，以确保业务的顺畅与高效运行。这些合作伙伴在业务运营状况、质量保障能力及合同履行能力等方面的表现，对于确保供应链的稳定运行具有至关重要的意义。合作伙伴若遇到问题，可能对整个供应链的稳定运行造成威胁，引发中断风险。

面对这些挑战，喜力啤酒采取了一系列调整措施。喜力啤酒充分认识到数字化时代在企业发展中的关键作用，因此，公司积极投入资源，构建了一个全面统一的数字化平台。喜力公司已成功推出一体化销售平台Eazle，该平台将先前分散的独立销售系统整合，实现了销售流程的标准化与简化，极大提升了公司运营效率和客户体验。

此外，喜力啤酒积极运用并集成人工智能技术于销售战略中，旨在促进业务增长并强化市场竞争力。通过采用基于数据的推荐系统，进一步优化销售方法，以提升业务效率和客户体验。喜力啤酒积极采纳人工智能技术，部署如 AIDDA（人工智能数据驱动顾问）程序，通过这一创新工具，销售得以充分利用数据分析功能，从而为客户提供更加精准的拜访和产品推荐咨询服务。此举不仅体现了喜力啤酒在技术创新方面的领先地位，也进一步彰显了其对客户满意度的持续追求和承诺。

最后，喜力啤酒加强了对供应链的监控和管理，通过引入先进的信息技术系统，喜力啤酒实现了对供应链的实时跟踪和监控。这有助于喜力啤酒及时发现供应链中的问题，确保供应链的稳定性和可靠性。

总之，供应链数字化时代既带来了机遇也带来了挑战。企业需要积极应对挑战，把握机遇，推动供应链的数字化转型和升级。

02

第 2 章
布局：探索供应链数字化之道

在数字化时代背景下，企业应当积极探索供应链数字化转型的途径。通过优化供应链思维，策划与实施供应链数字化战略，以推动供应链运营得更高效、更透明化。这将有助于企业在激烈的市场竞争中保持领先地位，实现可持续发展。

2.1 变革时代，供应链思维要升级

随着时代的变迁，供应链领域正经历着前所未有的巨大变革，这要求企业及时调整并升级其供应链思维，以适应新的市场环境和竞争态势。

为在供应链发展中找到正确的方向，企业必须具备统筹全局的思维、协同合作的意识、灵活应变的供应链管理能力以及始终将用户需求置于首位的理念。这些关键要素将共同指导企业在复杂多变的供应链环境中实现持续发展和竞争优势。

2.1.1 构建未来商业的统筹意识

统筹意识要求企业对供应链各个环节进行全局性思考和协调，以确保供应链的高效运作和资源的最优配置。这种意识要求企业不仅要关注单一环节的效率，还要考虑整个供应链的协同效应。同时，统筹意识还能帮助企业更好地应对市场变化，实现供应链的持续优化。

海尔集团作为全球知名的家电品牌，其供应链数字化转型不仅提升了生产效率，还重塑了企业的商业模式，展现了未来商业的统筹意识。海尔集团供应链的统筹意识主要体现在四个方面，如图 2.1 所示。

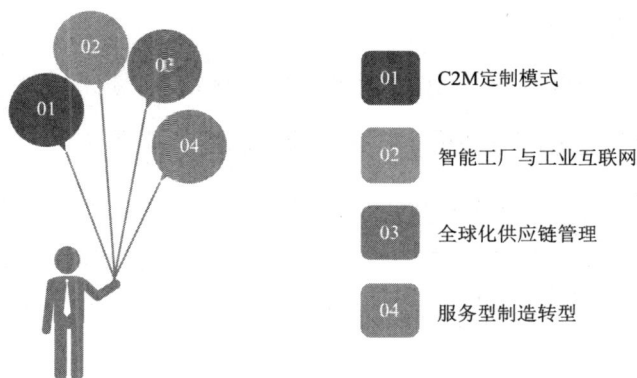

图 2.1　海尔集团供应链的统筹意识

1. 从消费者到生产者（customer to manufacturer，C2M）定制模式

海尔集团借助 C2M 定制模式的运用，成功打造了客户需求与产品生产间的无缝衔接机制。客户通过海尔集团的在线平台，得以直接参与产品设计与功能选择过程，进而实现个性化需求的满足。此种模式不仅提高了海尔集团对市场变化的响应速度，同时也增强了客户体验，展现了海尔集团对于市场需求的深刻洞察与灵活应对能力。

2. 智能工厂与工业互联网

海尔集团投资建设了多个智能工厂，并构建了工业互联网平台。这些平台整合了生产、物流、销售等数据，实现了生产流程的智能化和自动化。海尔集团通过实时监控和数据分析，能够优化生产计划，减少浪费，提高生产效率。

3. 全球化供应链管理

海尔集团建立了全球化的供应链网络，并通过数字化手段实现了对供应链的精细化管理，这包括供应商评估、风险管理、库存控制等方面。海尔集团还利用区块链技术确保供应链的透明度和安全性，提高了整体供应链的可靠性。

4. 服务型制造转型

海尔集团不仅关注产品的生产和销售，还致力于提供全方位的服务解决方案。海尔集团通过利用数字化工具，能够实时监控产品的运行状态，提供预防性维护和个性化服务，从而提高了客户满意度和忠诚度。

这种统筹意识的培养和实践，不仅提升了海尔集团的市场地位，也为整个家电行业的供应链提供了宝贵的经验。

2.1.2　构建未来商业的协同意识

协同意识要求企业内部及其供应链伙伴间，借助信息共享、风险共担以及协同创新等手段，以实现资源的最优配置和最大化价值。企业在推动供应链数字化转型的进程中，协同意识的运用占据了举足轻重的地位。此种认知的形成，标志着企业能够与供应链合作伙伴构建更为高效、紧密的协同机制，进而大幅度提高供应链的响应速率及整体运营成效。

（1）构建供应链数字化的协同意识要求企业打破传统的信息壁垒，实现数据的透明化和实时共享。这意味着供应链上下游的企业需要建立更加紧密的合作关系，共同应对市场变化。企业通过供应链数字化平台，可以更好地理解彼此的需求和能力，从而实现更加高效的协同工作。

（2）企业构建供应链数字化的协同意识需要跨部门、跨企业的协作。这要求企业不仅要在内部培养团队成员的协作精神，还要在供应链伙伴之间建立互信和共识。

（3）构建供应链数字化的协同意识需要企业具备开放的心态和创新的思维。这意味着企业要愿意尝试新的技术和方法，不断探索和优化供应链管理。同时，企业也要敢于接受失败，从错误中学习，不断调整和改进策略。

（4）构建供应链数字化的协同意识需要企业重视人才的培养和引进。

随着数字化技术的飞速发展，企业对与之相关的专业技能和知识的掌握显得尤为重要。因此，企业需要通过培训和教育，提升员工的数字素养，同时吸引具备数字化背景的人才加入团队。

总之，构建供应链数字化的协同意识是企业实现供应链优化的关键。企业应积极把握供应链数字化带来的机遇，实现更高效、可持续发展。

2.1.3　柔性供应链意识：企业应对不确定性的策略

柔性供应链意识能够帮助企业在面对需求波动、供应中断和其他不确定性因素时，保持业务的连续性和竞争力。其主张充分利用信息技术，以实现供应链管理的透明化和协同化。同时，柔性供应链意识倡导供应链成员间的紧密合作，以构建多元化的供应商和物流企业合作关系。

李宁作为全球知名的体育运动品牌生产商，其成功很大程度上依赖高效且灵活的供应链体系。李宁深知，要在市场的不确定性中立足，必须拥有高度灵活的供应链。因此，李宁致力于构建柔性供应链并通过以下方法应对市场中的不确定性：

1. 快速适应市场变化

李宁通过实时收集和分析销售数据、市场趋势等信息，快速了解客户需求的变化，这使得李宁能够在短时间内调整生产计划，满足市场的需求。

2. 降低库存风险

李宁通过灵活的生产计划和物流安排，可以减少库存积压和浪费，这降低了库存成本，并减少了因市场变化导致的滞销风险。

3. 提高响应速度

柔性供应链使李宁能够快速响应突发事件，这确保了李宁的业务连续性，并减少了潜在的经济损失。

总而言之，企业在充满不确定性的市场环境中，保持竞争力的核心在于构建柔性供应链。为构建灵活、可靠且高效的供应链体系，企业需致力于培养快速响应、适应变化、协同合作、技术驱动、持续创新及人才培养等多方面能力。这些能力的综合应用将助力企业在激烈的市场竞争中脱颖而出，实现供应链管理的卓越表现。

2.1.4　用户为先意识

用户为先意识强调，企业应以用户需求为核心，致力于为用户创造并提升价值。一方面，用户对于产品的期望，首要是其功能与质量能够契合心理预期；另一方面，用户期望企业能够提供多元化的服务，即只需陈述自身需求，企业即可据此为提供个性化的服务方案。

开市客的供应链管理其核心驱动力源自最终顾客的需求。该模式在整个供应链中实现了高度的集成，确保了数据交换的迅速与准确，从而展现出卓越的反应速度和适应性。开市客坚信，顾客的满意度是未来成功与持续成长的最可靠保障。以下是开市客供应链体现用户为先意识的几个关键方面：

1. 需求预测与库存管理

开市客利用先进的数据分析技术，对海量的销售数据进行挖掘，以预测不同地区、不同季节的商品需求。通过精确的需求预测，开市客能够优化库存水平，确保热销商品的充足供应，同时避免过度库存导致的资金占用和滞销风险。

2. 供应链透明度

开市客建立了透明的供应链管理体系，通过供应链可视化平台，供应商可以实时了解订单状态、库存水平和配送进度。这种透明度不仅提高了供应链的协同效率，也让用户能够更好地理解产品的来源和生产过程，增强了信任感。

3. 快速响应和灵活性

开市客的供应链设计具有高度的灵活性，能够快速响应市场变化。例如，在自然灾害发生时，开市客能够迅速调整物流路线，确保商品能够及时送达受灾地区。这种快速响应能力确保了用户在紧急情况下也能获得必要的商品供应。

4. 供应链风险管理

开市客通过多元化的供应商策略和严格的供应商评估体系，降低单一供应商风险。同时，开市客还建立了应急预案，以应对可能的供应链中断，确保用户能够继续获得所需商品。

通过上述措施，开市客供应链管理不仅提高了运营效率，还确保了用户的满意度。开市客的成功案例表明，将用户为先的理念融入供应链管理，是实现商业成功的关键。

2.2 核心：供应链数字化战略

供应链数字化战略，作为推动企业供应链实现数字化的核心要素，其重要性不言而喻。在供应链战略中，协同战略与细分战略占据着举足轻重的地位，被誉为供应链转型的经典战略模式。

2.2.1 协同战略：纵向战略 + 横向战略

协同战略强调供应链上下游企业之间的紧密合作与整合。这种战略的目标是消除信息壁垒、优化资源配置和提高运营效率。协同战略通常包括两个主要方向，纵向协同与横向协同，如图 2.2 所示。

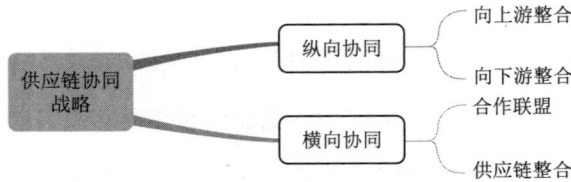

图 2.2　供应链协同战略的两个主要方向

纵向协同包括向上游和下游整合。向上游整合，企业控制供应商或原材料来源，确保稳定供应和质量控制，降低采购成本并提高供应链可靠性。向下游整合，企业扩展分销渠道、开设零售门店或建立电商平台等，加强与消费者联系，提高市场份额和品牌影响力，满足消费者需求并提高客户忠诚度。

横向协同涵盖合作联盟与供应链整合。合作联盟鼓励企业与竞争对手或潜在竞争者联手，共同开发市场、创新产品或共享技术资源，旨在降低风险、提升市场竞争力并实现共赢。供应链整合则通过并购或战略合作等手段，整合同行业或相关行业的供应链资源，以获取规模经济和成本优势，增强企业在市场中的议价能力和市场份额。

在分布式供应链网络（distributed supply network，DSN）的支持下，供应链的横向协同和纵向协同确实可以同时实现。DSN 通过其去中心化的特性，允许多个供应链参与者在一个共享的网络平台上进行协作和信息交换。这种模式促进了供应链各方的紧密合作，无论是在同一产业链的不同阶段（纵向协同）还是跨产业链的不同企业之间（横向协同）。

DSN 通过提供一个统一的平台，使得供应链的各个环节能够更加紧密地集成，实现信息的实时流动和资源的优化配置。这种整合不仅提高了供应链的效率，而且增加了供应链的韧性，使其能够更好地应对市场波动和不确定性。因此，DSN 是实现供应链横向和纵向协同的有力工具。

2.2.2　细分战略：成本 + 服务 + 敏捷性

供应链细分战略是一种将供应链划分为不同的子集或"细分市场"的方法，以更好地满足不同客户群体的特定需求。这种战略通常基于客户需求、产品类型、地理位置或其他相关因素。供应链细分战略旨在通过优化资源分配和供应链设计，提高整体供应链的效率和效果。

企业在制定供应链数字化战略时，需考虑战略成本、供应链中企业与用户的关系以及用户价值主张的供应链落实。企业必须对各个细分市场进行全面的成本效益分析，以便明确最优的供应链构建方式。在此基础上，企业需要积极寻找能够最小化成本的方案，同时确保服务品质不受影响。

在整个流程中，至关重要的一环在于对客户进行精细化分类。企业根据客户的购买行为、偏好和需求特点，将客户分为不同的群体。为每个客户群体定制特定的供应链策略，以提高服务水平和客户满意度。

经过精心策划的细分战略，企业成功地增强了供应链的敏捷性，使自身能够迅速应对市场的变化。为了实现快速交付，企业采取了模块化设计，制订了灵活多变的生产计划，并引入了高效的物流系统。这些举措共同构成了企业快速响应市场变化的强大支撑。

通过实施供应链细分战略，企业可以更好地满足不同客户群体的需求，提高服务水平，同时降低运营成本和提高供应链的敏捷性。这有助于企业在竞争激烈的市场中保持竞争优势。

2.3　供应链数字化战略如何落地

为实现供应链数字化战略的顺利落地，企业必须按步骤有序推进。首先，需积极引进先进的数字能力模型，以适应数字化时代的需求。其次，构建一支具备高度战斗力的创新团队至关重要。最后，培养员工具备创新和冒险精神亦不可或缺，这有助于企业在激烈的市场竞争中保持领先地位。

2.3.1　引进工具：数字能力模型

企业通过引入数字能力模型，可以更有效地推动供应链数字化战略落地。数字能力模型（digital capability model，DCM）作为一个专注于供应网络的模型，致力于推动当今高度互联与数字化的供应链管理变革。它不仅是供应网络与供应链运营参考模型（supply chain operations references，SCOR）之间的数字桥梁，更是供应链领域内的数字化标杆。

DCM 旨在通过转变传统的筒仓式工作方式为协同式工作模式，并充分利用数字能力，构建综合供应网络的数据，从而提升组织的智能化水平。DCM 主要具备六种数字能力，如图 2.3 所示。

1. 互联客户

通过互联客户功能，企业得以在整个客户、产品和服务生命周期中有效提升客户的参与程度。它涵盖了客户体验、现场互联服务、监控与洞察分析、智能产品追踪、客户问题管理以及产品（服务）等多个方面。

2. 产品开发

产品开发涵盖开发并管理符合客户期望体验的产品与服务，同时需具备根据实时数据进行灵活调整的能力。此外，它还涵盖了产品和产品组合的管理、产品平台架构与系统工程、数字开发、产品开发协作以及配置管理等多个方面。

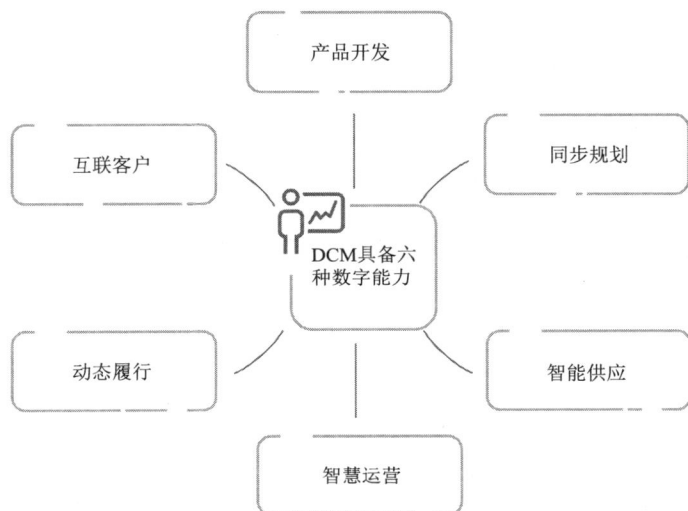

图 2.3　DCM 主要具备的数字能力

3. 同步规划

同步规划将战略业务目标、财务目标及战术供应网络计划整合于一体，形成了一套协调一致、同步推进的业务规划体系，旨在构建一个互联互通、协同并进的业务蓝图。

经过优化与整合，该系统实现了跨职能的快速决策、服务品质的显著提升以及实时高效的团队协作。具体涵盖企业计划对账的精准性、供应网络的科学设计、产品组合生命周期的全面规划、智能需求管理的灵活性、响应式供需匹配的迅速调整以及动态流程的持续优化等多个关键环节。

4. 智能供应

智能供应系统致力于精细管理供应商关系，并有效降低潜在风险，从而显著提高采购流程的效率和效果。该系统对供应链管理的各个环节均产生了深远影响，不仅优化了企业与供应商之间的合作关系，还显著降低了采购过程中的风险。

5. 智慧运营

智慧运营的重点在于优化生产过程中的性能表现与安全保障，同时确保生产与运营的各个环节实现紧密协同与高效同步。

6. 动态履行

跨企业系统网络通过实现互联互通，致力于提供高品质的产品与服务，并确保其按时且状态良好，从而优化客户体验。

这些数字能力共同构成了 DCM 的核心竞争力，帮助企业实现供应链数字化战略落地，提高企业供应链的竞争力和可持续性。

2.3.2 打造强战斗力的创新团队

推动供应链数字化战略落地并打造强战斗力的创新团队，是企业迈向智能化、高效化运营的关键一步。

（1）企业构建创新团队时，应注重人才结构的多元化，汇聚来自不同背景和专业领域的人才。这样的团队能够带来更广泛的知识和技能，激发创新思维。

（2）企业为了让员工快速适应供应链数字化的变革，应提供持续的技能培训和学习机会，帮助团队成员掌握最新的技术工具和方法。

（3）企业应鼓励员工进行跨部门合作，打破信息壁垒，促进知识共享，形成协同创新的工作环境。

此外，从某种程度二来说，供应链数字化转型也是对企业业务模式、商业模式的优化升级。企业转型的成功与否，关键在于管理能力与先进数字化系统能力的匹配程度。为确保企业维持卓越的管理水平，供应链数字化转型的创新团队应由企业 CEO 亲自引领。

在供应链数字化战略实施的过程中，所用工具需随着落地步伐的推进而逐步优化，管理模式也应在不断的实践中逐步完善。这就要求 CEO 必须具备卓越的决策能力，能够在转型过程中迅速作出决策、勇于担当责任，以激励企业员工积极尝试、审慎求证，抓住转型过程中的重要节点，推动整个转型过程的顺利进行。

企业为在供应链数字化的浪潮中保持竞争优势，必须构建一个充满强战斗力的创新团队。这一过程不仅需要明确的战略规划作为指引，更需要企业领导者进行全面而深入的建设与优化工作。

2.3.3 文化升级：创新 + 冒险

在供应链数字化战略落地的过程中，员工的创新与冒险精神是推动变革的关键因素。供应链数字化战略落地不仅是技术的更新和升级，更是一场组织文化和管理理念的深刻变革。这种变革需要员工具备开放、创新和冒险的精神，勇于尝试新事物，挑战旧有的思维方式和工作习惯。

例如，谷歌公司通过创新实验室"Google X"成功激发了员工的创新潜能。"Google X"是谷歌公司内部的一个秘密研发部门，专注于开发具有颠覆性的长期项目，其中包括供应链管理的创新。

在供应链数字化方面，"Google X"的创新项目通常围绕着如何利用先进的技术来优化供应链流程。例如，"Google X"曾探索使用无人机进行货物配送，虽然这个项目最终没有成为主流的商业产品，但它展示了谷歌公司在供应链创新方面的勇气和尝试精神。

"Google X"的创新文化鼓励员工提出大胆的想法，并愿意承担相应的风险。这种文化氛围使得谷歌公司的员工在面对供应链挑战时，能够勇于尝试新的技术和方法。例如，谷歌公司在其供应链中广泛应用了大数据分析和机器学习技术，以提高预测的准确性和优化库存管理。

此外，谷歌公司还通过内部的创新竞赛和奖励机制，激励员工在供应链管理方面进行创新。这些措施不仅激发了员工的创新精神，也促进了跨部门的合作，共同推动了供应链数字化战略的实施。

综上所述，企业可以培养员工的创新与冒险精神，并通过集体智慧推动供应链数字化战略的落地与完善。

2.3.4　科尔尼如何制定供应链数字化战略

科尔尼管理咨询公司（以下简称科尔尼）自成立以来，已成为全球领先的高增值管理咨询公司。科尔尼在多个产业领域具备深厚的专业能力和实战经验，为客户提供全方位、一体化的管理咨询服务。

近年来，服装行业供应链面临着巨大的挑战，主要源于材料成本的波动、国际运费的变动以及销量需求的不断变化。考虑到当前形势，科尔尼建议企业应迅速且坚决地采取措施，以增强其供应链的韧性。具体来说，科尔尼给服装企业提供以下建议：

1. 降低复杂程度

（1）减少长尾最小存货单位（stock keeping unit，SKU）。企业通过对历史销售数据的深入分析，识别出那些销量较低、利润较低的长尾 SKU。这些产品可能占用了过多的库存空间且对企业整体销售额的贡献有限。

（2）开展全面数字化的产品开发。企业可以利用先进数字化技术，如应用 3D 建模和虚拟试衣技术，在产品开发阶段进行模拟和测试。这有助于企业缩短产品开发周期，降低成本，并提高产品质量。

企业通过减少长尾 SKU 和开展全面数字化的产品开发，可以有效提升供应链的韧性和效率。

2. 优化国际运输现状

企业应在运输前，根据产品特性选择适当的包装方式，确保运输安全。同时，要审慎选择运输方式和可靠的物流服务提供商，并确保运输和报关流程规范，提高运输效率，保障物流顺畅。在运输期间，企业应与物流商和国外买家保持密切沟通与合作，确保信息传递及时，避免运输延误，保障整个物流过程的顺利进行。

3. 构建备用供应基地

为降低供应中断风险，企业务必与战略合作伙伴保持密切沟通，共同构建备用供应基地，确保供应链的稳定性与可持续性。此外，为确保原材料的稳定供应，企业有必要对用料准备机制进行全面优化。

4. 加强物资储备管理

企业应积极运用人工智能技术，构建精准的用户消费模型，科学预测用户需求，以提升响应速度和市场竞争力。同时，企业需要与供应商和经销商共享销售数据，确保供应商准备充足物料，精确调整生产能力；经销商也能及时补充库存，维持供需平衡稳定。

科尔尼公司指出，在当前的经济形势下，服装企业应当全面评估供应链的韧性，迅速识别并修复潜在的薄弱环节，优化关键流程，以降低供应链的脆弱性。这样，企业就能更加敏捷地应对市场变化，从而增强整体竞争力。

中篇

供应链数字化技术架构

03

第 3 章
AI：供应链发展走向生态共生

　　AI 技术正在对供应链的管理架构进行深度改造，推动其向智能化、灵活性和可持续性转变。具体而言，AI 技术能够辅助企业搭建智能化的供应链平台，实现更高效、精准管理。同时，企业亦能借助 AI 技术构建供应链生态组织，实现资源的优化配置。此外，AI 技术与供应链的结合还能够进一步提升企业的竞争优势，使企业供应链发展更加"绿色"。

3.1　AI 产物：智能供应链平台

智能供应链平台作为 AI 技术的产物，已经成为企业提升供应链效率、降低成本、增强竞争力的关键工具。

3.1.1　AI 智能：云端智能 + 边缘智能

云端智能和边缘智能各自拥有独特的优势和应用场景，共同推动着企业构建供应链智能化平台的发展，以下是两种技术的优势以及两种技术与智能供应链平台的联系：

1. 云端智能

云端智能是一种基于云计算的部署方式，它将人工智能技术与云端设备相结合，通过云端设备来存储企业数据，并为企业内外部的其他终端和应用场景提供必要的数据和算法支持。

智能终端常采用本地部署智能技术的方式，但受限于企业专业性和资金，本地终端升级困难，且易出现算力不足。云端智能的优势在于，云端服务器配备了高性能的处理器和海量的储存资源，能够处理复杂的 AI 算法和大规模的数据集，并且，云端智能允许数据在集中的服务器上进行处理和分析，便于统一管理和维护。此外，云平台上的资源可以被多个用户共享，提高了资源利用效率。

目前，云端智能技术支持的供应链管理（简称云 SCM）正在步入稳健的发展阶段。云 SCM 具备高效整合全球各地产品生产、库存及运输等多元化数据的能力，使得供应链上的企业能够无缝地实时获取相关数据，全面掌控产品动态，进一步优化供应链管理流程。此举不仅减少了信息传递因时区差异产生的延迟，还赋予企业实时发现和解决问题的能力。通过高效的数据交换，整个供应链的运营效率得到显著提升。

2. 边缘智能

边缘智能通过在路由器、交换机等边缘设备上部署人工智能技术，降低网络延迟，提高本地终端设备的数据采集和分析能力，从而提高设备的响应速度，保护企业数据安全。

边缘智能展现出显著的优势，它能够在数据生成的源头即时进行处理，进而大幅缩短数据传输的时间，同时有效降低系统延迟，优化整体运行效率。并且，通过在本地处理敏感数据，避免了将其上传至云端的需求，从而显著增强了数据的安全性和用户隐私的保护。此外，边缘智能亦具备离线工作之能力，即便在无网络连接的情境下，边缘设备依然能够独立自主地完成特定任务。

目前，边缘智能技术已在供应链仓储与物流领域得到广泛应用。借助传感器、摄像头等先进设备，企业能够实时监控库存状态，有效提升仓库管理效率和资源利用率。这一技术的引入，为企业实现精细化、智能化管理提供了有力支持。

3.1.2 深度学习推动供应链平台创新

AI 技术和深度学习在供应链平台创新中发挥着重要作用，可以帮助企业更好地管理供应链、提高效率、减少风险并开发创新的服务与产品。

为响应某著名糖果巧克力品牌对供应链管理智能化的迫切需求，杉数科技凭借其核心优势——"杉数智慧链优化解决方案平台"及自主研发的"杉数优化求解器 COPT（cardinality optimizer，基数优化器）"，深度结合深度学习、运筹优化等尖端智能技术，为该品牌精心打造了一套全面的端到端智慧供应链平台解决方案，如图 3.1 所示。

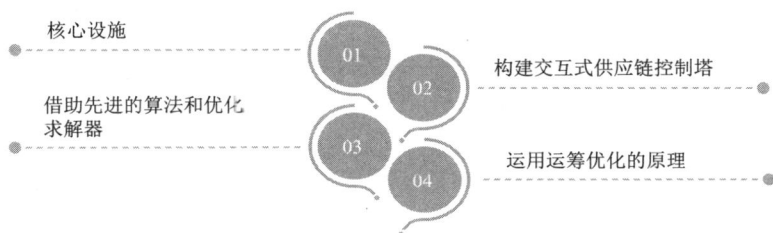

核心设施

借助先进的算法和优化求解器

01
02
03
04

构建交互式供应链控制塔

运用运筹优化的原理

图 3.1　端到端智慧供应链平台解决方案

1. 核心设施

COPT 是杉数科技端到端供应链平台不可或缺的核心组件，为平台的稳定运行和高效运作提供了坚实的技术支撑。杉数科技具备运用该企业历史数据的能力，结合先进数学模型，通过求最优解的方式，为该企业量身打造高效且科学的决策方案。

2. 构建交互式供应链控制塔

为提升该企业在供应链管理中的全局掌控能力，杉数科技经过精心设计与搭建，为其打造了一款交互式供应链控制塔。该控制塔运用先进的预测性分析技术，为需求预测、生产计划及履约计划等核心环节提供精确、可靠的决策支持，旨在助力企业实现供应链管理的卓越优化与高效运作。

控制塔内部署了 AI 计划分析平台，该平台运用机器学习、深度学习等智能算法，对控制塔所积累的数据进行深入挖掘和高效利用，以赋能智慧决策。

3. 借助先进的算法和优化求解器

杉数科技利用先进的端到端智慧供应链平台，为该企业量身打造了智能计划解决方案，旨在优化需求计划、生产计划等关键业务流程，助力企业实现转型升级。

在需求规划领域，杉数科技依托该企业的历史数据，运用科学的需求预测方法，为业务开展奠定基础。杉数科技通过结合企业自下而上的销售预测报告与自上而下的市场销售目标，能够更加精确地洞察需求变动趋势，进而生成一个统一且精确的需求规划方案。

在生产计划的制订方面，方案模块充分运用杉数优化求解器 COPT 的技术优势，为工厂提供科学、合理的生产计划安排。

4. 运用运筹优化的原理

该知名糖果巧克力品牌在过去的供应链管理与运作方面采取了相对保守的策略，其供应链决策在一定程度上依赖手工调整的方式进行。随着休闲零食市场的不断扩大，行业对渠道管理的需求越来越精细，导致企业在销售高峰期偶尔会出现订单无法满足的情况。

平台采纳一套先进的智能合同执行策略，该方案将人工智能技术与运筹优化理论紧密结合，旨在实现对市场需求变动的快速感知与灵活应对。此外，该方案还全面考量了生产、库存、运输等各环节的需求，并运用先进的数学模型和智能算法，为企业提供最优、最高效的履约计划。

总之，该企业通过部署杉数供应链数智化解决方案平台，提升了库存周转率，释放了百万级库存占用资金。在供应链控制塔的支持下，企业实现了月需求预测准确率提升，并通过人工智能算法进行仿真模拟提高了响应市场变化的速度。

3.1.3　AI 时代，信息共享与预测不是梦

在人工智能时代，信息共享与预测已成为现实，并正在深刻影响企业供应链智能化平台的发展。企业的供应链智能化平台拥有分析与模拟能力，实现信息共享和多环节预测。具体来说，主要是生成式智能体、人工神经网络、模糊模型在发挥作用。

1. 生成式智能体

生成式智能体是一种能够自主生成数据或决策的 AI 模型。在供应链智能平台中，生成式智能体可以用于模拟供应链场景，生成各种可能的供应链状况。例如，它可以模拟不同的市场需求变化、原材料价格波动等情况，帮助企业预测未来的供应链风险。通过模拟和预测，企业可以提前制定应对策略，降低潜在的风险。

2. 人工神经网络

人工神经网络是模拟人脑神经元工作方式的一种算法。在供应链管理方面，人工神经网络被广泛应用于多环节的预测工作。通过学习这些数据，神经网络可以发现数据之间的关联和规律，从而预测未来的趋势和需求。例如，神经网络可以预测未来某个时间段内某种产品的销售量，帮助企业提前做好库存准备。

3. 模糊模型

模糊模型是一种处理不确定性和模糊性的方法。在供应链智能平台中，模糊模型可以用于处理供应链中的不确定性因素，如天气变化、政策变动等。通过建立模糊规则和模糊推理机制，模糊模型可以对这些不确定性因素进行建模和预测。例如，模糊模型可以预测某个地区在某个时间段内的物流运输效率，帮助企业优化物流计划。

在生产规划阶段，模糊模型能综合考虑市场需求、企业生产资源等诸

多要素，构建科学的生产运营模型，从而制订出合理的产品生产计划。这一计划有助于企业精准调配生产资源，优化生产流程，提升投入产出比，为企业创造更大的经济效益。

在质量检测阶段，模糊模型能够依托专家系统的理论知识，并结合企业过往合格产品的质量数据，制定出精准的模糊规则。这些规则能够深入分析产品质量，及时发现潜在问题，并为企业提供切实可行的优化方案。这不仅有助于提升产品质量，降低不良品率，还能为企业的持续改进和创新提供有力支持。

在供应链中，存在众多不确定因素，包括供需失衡、价格变动以及供应中断等。模糊模型通过结合市场动态和企业历史数据，能够协助管理层进行风险预测和前瞻性规划，以应对潜在挑战，确保企业的稳健运营。

综上所述，基于 AI 技术所衍生的多种模型能够帮助企业打通供应链信息流，整合各环节信息，助力企业实现信息共享与预测。

3.2　AI 背景下的供应链生态组织

在 AI 背景下，供应链生态组织正在经历深刻的变革，这些变革不仅重塑了企业供应链的运作模式，而且为企业带来了前所未有的机遇与挑战。

3.2.1　突破部门、企业、行业的合作边界

通过引进 AI 技术，供应链生态组织在保障信息高效流通与精确满足需求方面取得显著进展。此外，伴随 AI 技术的不断演进，供应链生态组

织已能够跨越传统界限，实现跨部门、跨企业乃至跨行业的深度协同合作。

1. 跨部门合作

跨部门合作的重要性在于，它能够促使不同部门和岗位的员工实现高效的信息互通与资源共享，进而构建起更加紧密和谐的内部关系。此外，通过跨部门合作，可以激发组织内部的创新活力，推动企业在竞争激烈的市场中不断提升自身的竞争力。

AI 技术在跨部门协同办公中的应用日益广泛。在互联网时代，企业采用协同办公系统推动高效工作。通过云文档、视频会议等工具，不同地域和部门的员工实现紧密协作，共同推动企业发展。AI 技术能评估任务紧急程度和优先级，提供高效、有序的工作安排。

系统根据员工的专业能力和经验，把每项任务智能匹配给执行者，提高效率，保证任务及时高效处理。在 AI 技术的支持下，企业以业务为核心构建"同心圆"式组织架构，突破等级界限，自主调配资源，实现协同高效合作。

2. 跨企业合作

跨企业合作通常指同行业内不同企业的商业合作。其难点在于，企业间存在鲜明的竞争关系。各企业普遍追求自身利益最大化，既希望汲取先进经验、取长补短，又担心自己的商业机密在合作中泄露。

随着人工智能技术的不断进步，"联邦学习"作为一种新的学习模式应运而生。它是一种分布式机器学习框架，允许不同企业在不公开原始数据的情况下共享 AI 模型，共同训练模型。在"联邦学习"中，企业利用本地数据训练模型，将结果上传至协调方进行整合，构建协作 AI 模型，再反馈至合作企业。此过程保护企业隐私，同时整合各企业数据训练方式，保留异质性，使企业能够学习合作伙伴经验，共同进步。

3. 跨行业合作

跨行业合作的难点在于，不同行业的企业在价值观、工作风格、组织管理等方面存在较大差异，在合作中难以适应对方的工作节奏，进而容易产生摩擦和冲突。同时，不同行业的企业所掌握的专业知识与技术能力各不相同，如何高效地进行信息传递、尽可能消除企业之间的信息差，是跨行业合作面临的一大难题。

AI 技术在跨行业合作方面具有显著优势，能助力企业简化流程，减少员工重复性劳动，使他们有更多时间学习其他行业知识，促进跨行业合作。结合大数据，AI 技术还能深入分析企业实际情况，挖掘更多跨行业合作机会。

综上所述，AI 技术处于不断进化中，其以智能化平台为载体，不断延伸供应链成员的业务触角，实现供应链上跨部门、跨企业乃至跨行业的合作。

3.2.2 组织升级：云端 + 边缘

"云端 + 边缘"智能化平台对传统供应链服务体系的颠覆性变革表现在三个方面，如图 3.2 所示。

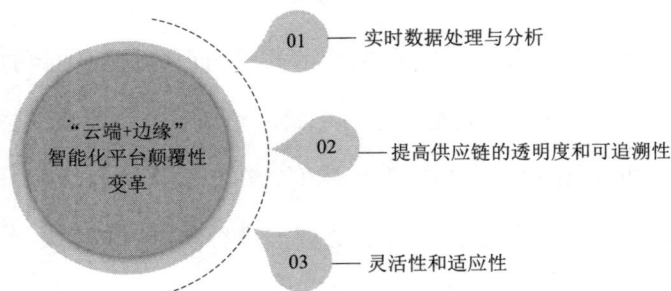

图 3.2 "云端 + 边缘"智能化平台对传统供应链服务体系的颠覆性变革

传统的供应链服务体系通常依赖于中心化的数据处理和决策制定，但随着 AI 技术的发展，这种模式已经无法满足现代供应链对实时性、可追溯性和灵活性的需求。

1. 实时数据处理与分析

云端平台提供了强大的计算能力，使得供应链数据可以在云端进行实时处理和分析。这种能力使得企业能够快速响应市场变化，优化库存管理，提高生产效率。同时，边缘计算的引入使得数据处理更加靠近数据源，减少了数据传输的延迟，提高了数据处理的速度和效率。

2. 提高供应链的透明度和可追溯性

通过"云端＋边缘"智能化平台，企业可以实现供应链的实时监控和跟踪。这种透明度使得企业能够更好地了解供应链的运行情况，及时发现和解决问题。同时，可追溯性的提高也有助于企业满足质量管理和合规方面的要求。

3. 灵活性和适应性

"云端＋边缘"智能化平台使得供应链生态组织能够更加灵活地配置资源。企业可以根据市场需求的变化，迅速调整生产线、物流网络和人力资源等方面的配置。这种灵活性不仅有助于企业更好地应对市场变化，还能降低运营成本，提高运营效率。

随着 AI 技术的不断成熟和应用范围的不断扩大，"云端＋边缘"智能化平台将在供应链管理中发挥更加重要的作用。

3.2.3 以数字孪生赋能供应链

谷歌利用数字孪生技术为供应链管理带来了革命性的变革。数字孪生是一种虚拟映射，它创建了一个供应链系统的精确复制品，这个复制品可以在虚拟环境中模拟和分析实际供应链的运作。

近年来，供应链的不稳定已成为许多企业面临的一大挑战。以矿产行业为例，企业在生产过程中往往无法实时掌握设备零配件的库存信息，同时仓库管理系统缺乏必要的安全预警机制，导致在设备检修时才发现部分矿厂缺乏必要的零配件，从而被迫停工。这种情况不仅严重影响了生产进度，还进一步加剧了供应链中断的风险。

再如，大型集团旗下的各个子公司常常运用各异的 IT 系统以完成数据收集、核算等任务，这使得总公司所获取的数据呈现出多样性和非标准化。这种复杂性和不一致性对数据分析构成了挑战，使得管理层难以迅速而准确地把握数据全貌，从而影响了决策的质量和效率。

供应链中断会给企业带来极大的冲击，企业甚至会因此一蹶不振。而数字孪生供应链能够很好地解决供应链中断的问题。

其优势在于能够清晰地展现供应链上所有资产的配置情况，包括供应商设施、仓库位置、库存情况、运输使用的交通工具等。同时，数字孪生供应链的数据集成时间比应用程序编程接口（application programming interface，API）数据集成的时间更短。因此，企业能够更加深入、快速地了解旗下业务，进而优化采购与生产方案，提升销售与物流效率。数字孪生供应链能够应用的三类系统，如图 3.3 所示。

1. **企业业务系统**

数字孪生供应链的核心在于整合数据，让管理层一目了然。其与企业的业务系统相结合，能够快速收集企业内部关于生产、资源规划等方面的信息，让管理层更清楚地了解企业运营现状。

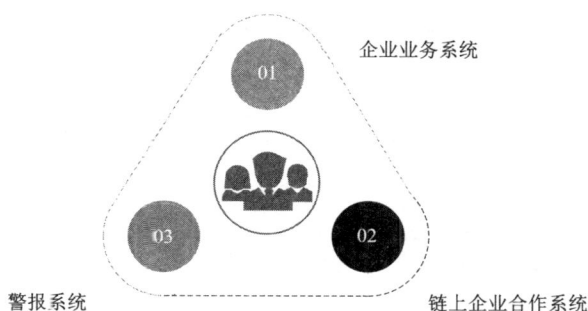

图 3.3　数字孪生供应链应用的三种系统

2. 链上企业合作系统

将供应商和合作伙伴的数据进行整合，包括但不限于供应商库存、存货水平以及合作伙伴的材料运输状态等数据，可以为企业提供更为全面、跨业务的信息概览。通过这一方式，企业能够更好地掌握整体业务情况，为决策提供更准确、全面的数据支持。

3. 警报系统

数字孪生供应链能够助力企业构建自动警报系统，企业可自主设定阈值。当供应链关键指标达到阈值时，系统会及时向相关人员推送警报信息，并建立共享工作流程，方便各企业迅速协作、解决问题。

总之，谷歌逼过数字孪生技术为供应链管理提供了前所未有的洞察力和控制力。这些技术的应用不仅提高了供应链的效率和可靠性，还为企业带来了竞争优势。

3.3　"AI+ 供应链"的强大魅力

"AI+ 供应链"的深度融合正引领供应链管理迈向全新纪元。借助 AI

技术的力量，企业与用户共同成为价值创造的主体，实现了更加紧密的合作关系。同时，通过应用 AI 技术，供应链的发展正朝着更加环保、可持续的"绿色"方向迈进，实现能随时调整的弹性供应链。

3.3.1　企业与用户成为价值共创主体

数字化供应链为企业与用户构建了一个共创价值的平台。企业通过深度融合"AI+ 供应链"，能够精准洞察市场需求变化，保持领先的市场地位。

数字化供应链借助尖端信息技术，确保了供应链各环节实时数据共享的实现。这使得企业能够及时了解用户的需求和反馈，而用户也能更好地了解产品的生产、库存和物流情况。

数字化供应链以实时数据为基础，借助 AI 技术与机器学习技术，为用户提供精准、个性化的推荐与服务。这种个性化的服务不仅提高了用户满意度，也为企业创造更多的价值。

数字化供应链鼓励用户参与产品的设计和改进过程，通过在线平台收集用户的反馈和建议。这种用户参与的方式不仅提高了产品的质量和竞争力，也增强了用户对企业的信任度和忠诚度。例如，某运动品牌通过数字化平台与用户进行互动。用户可以在该品牌官网或者 App 上定制自己的鞋子，选择喜欢的颜色、材料和设计。这种定制化的服务不仅满足了用户的个性化需求，还增加了品牌的吸引力。

数字化供应链的灵活性和敏捷性，使得企业能够更容易地与用户进行互动，收集用户反馈，持续优化产品和服务。这种互动式的价值创造过程，使得用户不再是被动接受产品的一方，而是成为价值创造过程中的主动参与者。

综上所述，数智化供应链通过结合先进的信息技术、基于实时数据并且增加互动机会，使企业与用户真正成为价值共创的主体。

3.3.2　供应链发展变得更"绿色"

企业在供应链运作过程中，通过实施友好的策略和措施，降低对环境的负面影响，并促进可持续发展。绿色供应链的核心在于，企业通过合理配置资源，实现资源的高效利用和经济效益的最大化，同时确保在稳定发展的基础上，积极推行节能减排，保护生态环境和社会可持续发展。

AI 技术在企业绿色供应链建设中发挥了重要的科学指导和技术支撑作用。经过广泛应用，计算机视觉、人工神经网络、深度学习等前沿科技在减少碳排放、提高可再生能源利用率以及推动智慧城市建设等多个领域展现出显著成效。这些技术不仅助力供应链各环节实现节能增效，更推动了整个供应链的绿色、低碳发展，为构建可持续发展的未来提供了有力支持。

2023 年 5 月，广东省能源局公布了《广东省推进能源高质量发展实施方案（2023—2025 年）》。立白日化有限公司（以下简称立白），作为广东省日化行业的领军企业，深刻认识到在能源高消耗的背景下，必须积极推动企业向新能源转型升级。

立白一直秉持科技创新的发展理念，每年均会从销售收入中划拨一定比例的资金，专门用于推动科技研发工作。这些资金将主要用于产品创新、绿色工艺技术开发以及节能减排等重要领域，以不断提升公司的技术实力和市场竞争力，为实现可持续发展奠定坚实基础。

AI 技术是立白能源管理系统的核心。系统实时采集各子公司生产车间的能耗数据，包括碳排放和电能消耗等关键指标，并传输至中央数据库。数据分析则利用 AI 算法对数据进行深入挖掘和分析，建立复杂数据模型以识别能耗模式、预测未来趋势，找出节能减排机会。

基于 AI 分析的结果，立白能够生成详细的碳排放报告。这些报告不仅包括了碳排放的量化数据，还通过图表和可视化工具，直观地展示了企业的碳排放特征。这使得立白能够一目了然地了解企业的碳排放状况，为决策提供了科学依据。

在 AI 技术的帮助下，立白建设了智能低碳工厂，智慧空压站、分布式工业蒸汽供应设备等智能装置协同发力。不仅如此，立白还积极布局光伏发电项目，充分利用空置的厂房屋顶，利用光伏板进行太阳能发电，进一步提升清洁能源的利用效率，降低工厂二氧化碳排放量。

总之，AI 技术与企业不断融合，打造工业 AI，深度挖掘工业数据价值，为供应链绿色转型提供全流程优化方案。

3.3.3　能随时调整的弹性供应链

在经济全球化的大背景下，供应链企业既要敏锐洞察市场与用户的需求，以迅速适应并优化产品和服务，同时也要对供应链中可能存在的风险点保持高度警惕。

宝洁集团在实施供应链数字化转型时，明确提出了"千场千链"的战略目标。这一目标旨在通过集成 AI、大数据、物联网等尖端科技，以应对千变万化的商业环境和千差万别的消费者需求。宝洁集团致力于实时响应各类市场及消费者的即时需求，并能够准确预测未来的市场趋势。为了实现这一目标，宝洁集团制定了千种具有针对性的供应链运营方案，以确保在不同场景下均能提供高效、个性化的服务。

宝洁集团将其制造中心的重点放在推广工业化 4.0 上，旨在通过广泛应用传感器技术、图像识别技术以及自动化技术等先进科技手段，以提升产品品质为核心目标，并同步提高整个供应链的运行效率。

此外，宝洁集团与阿里巴巴强强联合，借助电商平台的大数据能力预测用户需求，研发适销对路的新产品，最大化地满足用户需求。

宝洁集团针对全域零售业务的多元化市场需求，决定对现有物流运输业务架构进行全面梳理与系统优化，以提升服务效率和市场竞争力。宝洁集团创新性地构建了一个双层动态网络架构，如图 3.4 所示。

图 3.4　宝洁集团双层动态网络架构

第一层为核心的大型物流管理系统中心，实现更高效的一体化运作与多业态融合。第二层为区域性前置分销中心，旨在缩减产品与消费者距离，提升物流效率。新架构让零售商订购宝洁旗下品牌产品更便利，丰富库存结构，精准满足终端需求。客户可减少订货量，避免产品脱销风险。

在协同各端制定最优供应链决策上，宝洁集团洁推动流程的自动化，用 AI 机器人替代人力，在一定程度上避免了人为的工作差异，提高供应链运营效率。此外，宝洁集团还通过数字孪生技术对供应链实时数据进行数据建模，并仿真模拟解决方案的实际效果。

综上所述，AI 技术不断渗透供应链各个环节，在市场预测、环境分析等多个方面持续发力，助力企业打造弹性供应链，提升风险应对能力，在市场竞争中占据优势。

04

第 4 章
物联网：供应链可视化成为现实

　　物联网技术的深入应用正在对供应链管理领域产生深远影响，极大地提升了供应链的可视化程度和使用便捷性。借助物联网技术，企业能全面、实时可视化监控供应链，精准掌控运作状态，提高运营效率。通过"物联网＋供应链"的集成应用，企业促进各环节主体间的深度协同合作，实现更高效运作与管理。

4.1　核心技术：无技术不物联

随着物联网技术的不断发展和普及，其在供应链场景中的应用也越来越广泛、越来越深入。物联网技术巧妙地将各类核心技术相互融合，成功实现供应链的可视化管理，从而为供应链管理带来了划时代的创新与变革。

4.1.1　物体识别技术

物体识别技术，尤其是计算机视觉和机器学习算法的进步，已经在供应链管理中发挥了极大的作用，提升了供应链的运作效率。在现代物流运作和供应链管理中，射频识别（radio frequency identification，RFID）技术和产品电子代码（electronic product code，EPC）是两种关键技术。

RFID 技术在供应链中的应用为以上问题提供了解决方案。RFID 赋予物品唯一的编号，给物品打上唯一的标识。这一方案基于数字编码实现，支持通过互联网查询物品信息。

EPC 作为一种独特的 RFID 技术系统，运用数字编码与电子标签等手段，对物品信息进行精准追踪与高效交换，进而显著增强供应链信息的收集与整合能力。该技术能够显著提升供应链管理水平，实现对各类物品，诸如零售商品、集装箱等，进行唯一标识，确保供应链的透明化与可追溯性。

EPC/RFID 物品识别技术的应用，对供应链管理、物流等领域产生了深刻影响，从根本上提升了供应链管理水平，能够提高企业对生产、销售等环节的调控能力，提升企业竞争力。

从实现路径来看，EPC/RFID 物品识别技术的应用离不开以下几项支持：

1. EPC 编码

EPC 编码作为一种独特的标识符，为各类物品提供了明确的身份识别。这种编码不仅确保了物品信息的准确无误，更在物流、供应链管理等领域发挥着重要作用。具体来说，EPC 编码中储存了关于物品重量、尺寸、目的地等关键信息，为企业提供了便捷、高效的数据支持。

2. RFID 电子标签

在 RFID 电子标签中，EPC 编码被妥善存储。此标签的类型多样，涵盖主动型、被动型以及半主动型。各类标签均可适应不同的应用环境，满足特定需求。举例来说，主动型和半主动型标签在扫描距离上具有显著优势，能够实现更远距离的识别。然而，这两种类型的标签在成本方面相对较高。

3. 读写器

为与标签实现信息交互，常采用多种交互方式。其中，电感式耦合是读取被动标签信息的常用技术。标签通过磁场向识读器发送电磁波，识读器将其转换为数据信息（EPC 编码）。识读器读取信息的距离受能量和使用频率的影响。

4. Savant 系统

给每件物品都贴上 RFID 电子标签后，在运输过程中，读写器将不断收到 EPC 编码。为了传送和管理这些数据，麻省理工学院的 Auto-ID 中心（自动识别中心）开发了一款软件——Savant。其可以完成数据传输、识读器协调、任务管理等工作，提高 EPC 系统运行效率。

总之，在当前的市场环境下，企业想要获得竞争优势，就必须具备快速、准确获取和处理信息的能力。EPC/RFID 物品识别技术为企业提供了一种全新的信息获取和处理方式。

4.1.2　EMCP 物联网云平台

企业管理控制面板（enterprise management control panel，EMCP）是一个集成了多种物联网技术和服务的综合性平台，旨在为企业提供端到端的物联网解决方案。该平台通常包括设备连接、数据收集、储存等功能，支持多种物联网协议和标准，能够与各种物联网设备无缝连接。

冷链物流在供应链管理中占据举足轻重的地位，尤其是在食品和医药等关键领域。然而传统的冷库存在一些痛点。

传统的制冷设备多以手动操作为主，导致需要大量的人力来操作和维护，从而增加了显著的人力成本；冷库在遭遇问题时若无法及时应对，将会产生一定的时间延误，这可能会对生鲜、药物等物品的质量与保存环境造成不良影响。此外，传统冷库主要依赖纸质化管理模式，这种传统的管理方式效率较低。

为了解决这些问题，该企业推出了基于 EMCP 物联网云平台的智慧冷库解决方案，以实现对冷库的全面管理。该方案具有五种主要功能，如图 4.1 所示。

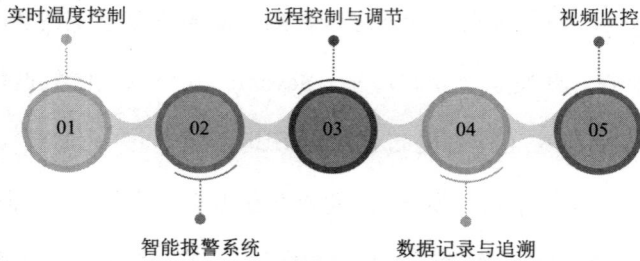

图 4.1 智慧冷库解决方案的功能

（1）实时温度控制。通过电脑、手机远程调整冷库工艺参数，监控冷库的运行状态，收集各个点的温度、湿度、油压等信息；维护人员可以监测冷库封闭性，根据需求远程控制制冷机组，节约用电成本。

（2）智能报警系统。当温度超出预设范围时，系统自动触发报警，并通过邮件或 App 推送通知相关负责人。

（3）远程控制与调节。支持可编程逻辑控制器（programmable logic controller，PLC）、触摸屏等设备的调试。即使设备在异地，技术人员也可对设备进行远程调试，这可以解决设备维护难、出差成本高的问题。

（4）数据记录与追溯。系统自动记录冷库的温度数据，为生鲜、药品等物品的安全追溯提供可靠依据。

（5）视频监控。冷库支持视频设备接入。系统可以采集冷库的视频数据，对视频数据进行整理，全方位了解冷库的运行情况。

综上所述，EMCP 物联网云平台具备支持多个行业企业与众多设备接入的能力，可推动企业产品与系统实现智能化升级。企业可依托 EMCP 物联网云平台，构建个性化的物联网解决方案。

4.1.3 重药集团的供应链物联网平台

重庆医药集团股份有限公司（以下简称重药集团）作为我国西部地区

最大的医药流通企业，其供应链管理的效率和透明度直接关系到药品供应的稳定性和患者的用药安全。然而，传统医药供应链管理模式存在信息孤岛、效率低下等问题，难以满足现代医药流通的需求。因此，重药集团决定引入先进的物联网技术，建设一个高效、透明的供应链物联网平台。

1. 重药集团的供应链物联网平台使用的技术

为了建设高效、透明的供应链物联网平台，重药集团主要使用了以下三种技术：

（1）引入医疗浪涌保护器（surge protection device，SPD）供应链管理系统。SPD 系统主要部署于实体医疗机构。重药集团引进跟踪机、自动分包机等先进设备，运用质量安全追踪技术，结合电子标签、立体货架、无线手持终端和 RFID 物联网技术，对药品耗材管理流程进行智能化改造。此举实现信息流与物流的无缝对接，确保药品耗材信息全程信息化留痕，提升管理效率，保障患者用药安全。

（2）增加智能设备。经过优化升级，重药集团引入了包括掌上电脑（personal digital assistant，PDA）、内置 RFID 高频芯片的智能周转箱、配备移动网络的智能冷藏箱、升降叉车以及拣选小车等一系列智能设备。这些创新技术的运用，将显著提高重药集团在入库、拣货、在途等物流环节的操作效率与准确性。

（3）自动收货。经过协同平台的生成或传递，医院将获得供应商的物流条码。利用条码识别技术以及 RFID 物流技术，通过扫描条码和读取 RFID 信息，医院可以实现直接自动收货的过程，确保流程的顺畅与高效。

2. 重药集团的供应链物联网平台的优势

通过以上技术的实施，重药集团的供应链物联网平台主要具备以下三种优势：

（1）信息整合与共享。医药供应链物联网平台整合医药产品各环节信息，实时更新，保障链上企业了解生产销售情况。信息实时对齐助力重药集团精准决策，确保医药产品及时送达商家，维持供需平衡。

（2）实时监控物流。针对麻醉药品、疫苗和血液制品等关键医药产品，该平台与冷链箱和运输车辆相连，实时监控温湿度和车辆轨迹，保障产品在运输中不受损，减少时间和损耗，实现全程追踪，确保物流透明高效。

（3）追溯药品质量。基于该平台信息整合的优势，医药产品从生产到销售的全流程始终处于监控之下。这意味着任一批次的医药产品都可以被精准追溯，其原材料供应商、生产企业全部可查，进一步提升医药供应链的可追溯性。

目前，我国多家医药物流企业着手探索物联网技术与物流工作的深度融合，进一步提升医药行业的发展水平。

4.2　物联网赋能可视化供应链

物联网技术的运用为可视化供应链注入了新的活力，为企业带来了前所未有的发展机遇。借助物联网的优势，企业能够显著提高货物流通效率，加快库存周转速度，并增强信息透明度与共享程度。这将进一步提升资金的使用效率，从而全面提升企业的整体运营水平。

4.2.1　信息流：从需求端到供应端

在供应链中，信息流所涵盖的部门与职能广泛而复杂。信息流处理的核心环节主要体现在两大领域：需求信息；供应端传达的商品信息。这两者相辅相成，一个向前推进，一个逆向回溯，共同构建了满足需求的价值链条，为企业各部门各模块的有序运作提供了明确指导，从而实现了供应链价值的全面展现。

在实际情况中，用户往往难以明确表述自身的核心需求。因此，需求方有必要深入探究用户的潜在需求，并通过持续思考和沟通，精准把握用户的实际需求，从而为后续方案的制定奠定坚实的基础。

用户需求识别后，需传达给企业内部相关部门，如计划、采购、生产和物流。各部门需根据信息细致分解任务，确保工作顺利进行。同时，各部门需独立制订计划并把控时间节点，与其他部门保持紧密沟通，防止信息不畅导致的误解和冲突，确保产品加工与运输流程高效顺畅。

供应链中，供应商是需求信息正向传递的最后一环。供应商根据核心企业计划准备原料，逆向传递商品信息，如供应数量和生产周期。各部门领料生产，完成产品加工、仓储、运输。最终用户签收，供应链信息流动和价值创造过程完成。

供应链信息流需满足及时、准确要求，确保生产、运输按时完成，满足用户需求。企业可利用物联网技术构建信息集成中心，实现信息共享，如图 4.2 所示。

信息集成中心具有显著优势，能够集中存储和管理供应链上各企业的信息，实现实时信息共享。当供应链中的某一环节遭遇问题或市场环境发生突变时，信息集成中心能够迅速将相关情况通知供应链上的所有企业，使各企业能够及时调整工作计划，以最小化潜在损失。这一机制有助于提升供应链的灵活性和响应速度，确保整个供应链的稳健运行。

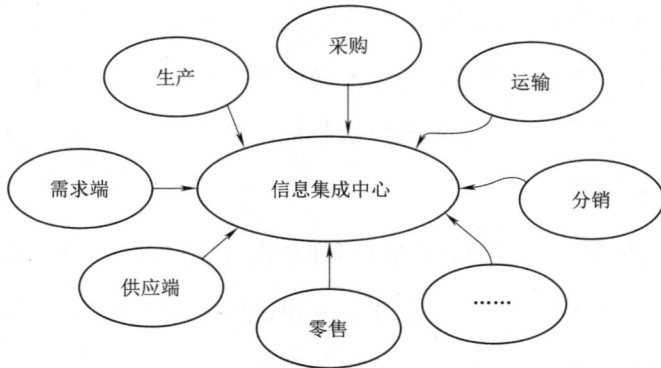

图 4.2　信息集成中心

　　信息流在企业供应链中扮演着至关重要的角色，它不仅是供应链活动的启动者，更是决策和执行的关键指引。从供应链的初始触发到每一个重要节点的操作，信息流都发挥着不可替代的作用。

4.2.2　资金流：货币流动效应

　　资金流是指资金从使用者流向原材料生产者的过程，这一过程与采购、生产、配送等方向相反，如图 4.3 所示。

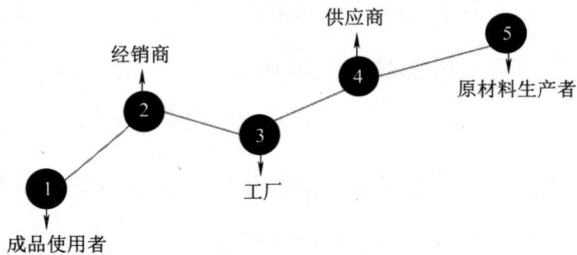

图 4.3　供应链资金流

　　资金流作为供应链体系中的核心环节，其连续稳定的流动性对于整个供应链的顺畅运作至关重要。实现资金流的充分流动性，需要上游与下游环节密切协作，任何一方单独行动均难以全面解决问题。因此，资金流的有效管理和控制对于整个供应链的稳定性和可持续发展至关重要。

库存周转速度，即企业自原材料采购至生产运输，再至销售盈利的完整产品周期循环速率。一般而言，企业应维持较高的库存周转速度，以确保经营效率与盈利能力。企业的产品能够快速变现，有助于产品升级、新产品研发及品牌营销，进而为企业创造更大的价值。库存周转速度的提升，表明循环次数的增多，从而带来更高的利润。

现金循环周期是企业在购买原材料过程中，从支付现金至回收现金所经历的时间段。通常以"天"为计算单位。该体系包括应收账款天数、库存天数和应付账款天数三个核心指标。应收账款天数反映用户拖欠企业销售额的天数，库存天数显示企业库存支撑销售的天数，应付账款天数表示企业拖欠供应商货款的天数。前期现金循环速度越快，营收状况越好；现金循环中断则意味着企业面临破产危机。因此，企业对这些指标的监控和管理对企业发展至关重要。

企业需要提升库存周转和现金循环效率，同时确保资金安全。借助物联网技术构建供应链电子金融平台是实现这一目标的有效途径。

供应链电子金融平台实时监控交易，结合企业设备、库存、运输等信息分析数据，评估资金现状和还款能力，精准控制风险。通过实时数据监控和风险评估，平台为参与方提供安全、高效、便捷的金融服务。此平台优化了供应链资金运作，促进了供应链稳定与发展。

此外，供应链电子金融平台还通过提供一系列增值服务，如供应链金融咨询、资金优化建议等，帮助企业更好地管理资金，实现可持续发展。

4.2.3　物流：实物流 + 逆向物流

实物流为供应链三流中的最后一环，通常实物流呈现单向性，自供应商端流向客户端。然而，在商品出现质量问题、客户需求取消或其他原因导致的退货行为，实物流将发生逆向流动。逆向实物流通常会对企业造成不利影响，包括提高运营成本、增加库存成本以及商品本身所带来的损失。为确保企业实物流的单向性和稳定性，应尽可能减少逆向实物流的产生。

逆向物流是指商品从客户手中回流到企业的过程，包括退货、废弃物回收、再利用等环节。逆向物流对于企业的可持续发展和品牌形象至关重要。通过有效地管理逆向物流，企业可以更好地掌握客户需求和市场变化，提高产品质量和服务水平，减少资源浪费和环境污染。

基于 EPC 和 RFID 技术，物联网能够优化供应链物流环节，提高物流运输的安全性和及时性。物联网与 RFID 技术相结合，通过 RFID 系统获取产品代码，并由 Savant 系统输出，最终经产品生命周期管理（product lifecycle management，PLM）系统获取产品的运输信息，保障物流全程可视化和产品及时送达。

在实际操作中，实物流和逆向物流需要相互配合，形成一个完整的物流体系。企业需要注重物流管理的整体性和协调性，确保实物流和逆向物流之间的顺畅衔接和高效运作。同时，企业还需要借助信息技术等手段，提高物流管理的智能化和自动化水平，降低物流成本，提升物流效率，为企业的可持续发展注入新的动力。

4.3 "物联网 + 供应链"实现方案

"物联网 + 供应链"实现方案的核心在于，企业需致力于提升供应链员工的业务能力，借助物联网技术的优势，实现对供应链各个流程节点的实时监控和数据搜集。通过这种方式，企业将制定科学、合理的数据管理方案。同时，企业的网络安全保护亦不容忽视，须采取切实有效的措施确保数据安全。

4.3.1　加强对供应链员工的培训

供应链作为员工链接企业内外的重要桥梁，其专业能力的高低直接影响企业的运营效果和成本控制。具体来说，企业可遵循四个步骤培训供应链员工，如图 4.4 所示。

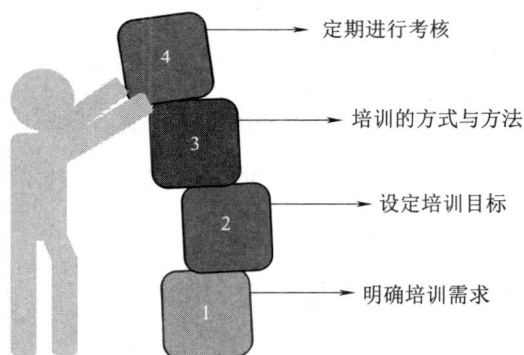

图 4.4　培训供应链员工的四个步骤

1. 明确培训需求

企业需要对目前自身的供应链运作状况进行评估，明确优先进行数字化转型的环节。在这一过程中，企业需要和链上伙伴进行沟通，或通过问卷调查、专业团队评估等方式分析供应链上需要改进的环节。

2. 设定培训目标

培训目标需综合企业供应链的优化需求以及员工的专业技能水平进行设定。企业人力资源部门需要对员工进行专业技能评估，明确他们的专业技能水平以及对物联网技术、供应链数字化转型的了解程度。在此基础上，人力资源部门可以和企业管理层沟通，明确具体、可衡量的培训目标。

3. 培训的方式与方法

明确培训目标后，企业可以着手确定供应链培训的方式与方法，如案例分析、模式实战、在线学习等，以激发员工学习的积极性。

4. 定期进行考核

培训结束后，企业人力资源部门需要通过问卷、测试、绩效考核等形式评估培训效果，了解受训员工的技能掌握情况。对于评估结果不合格的员工，企业应视情况对其进行二次培训。如果二次培训后员工的成绩还没有提升，企业就需要对其降职或调岗。

综上所述，为确保供应链员工能够有效运用物联网设备及系统，企业务必加大其培训力度。鉴于这一过程的长期性，企业可以通过引入专业的培训团队，为员工量身定制培训方案，从而推动员工供应链工作能力的持续提升。

4.3.2 制定科学、合理的数据管理方案

物联网技术在供应链管理中的应用为企业提供了海量的数据资源，这些数据对于企业进行战略调整和新业务推出具有重要意义。企业需制定一套数据治理方案，以物联网数据生命周期为基石，有效管理供应链数据。此数据治理策略应涵盖以下几个方面：

1. 实时数据获取

物联网的核心在于"物物相连"，即通过各类传感器实时收集供应链中的数据。这种实时数据流为企业提供了准确的运营视图，使得企业能够及时响应市场变化。

2. 数据建模

数据建模是建立企业级元数据标准，核查并统一不同类型传感器的数据，确保数据质量。制定元数据标准时，需根据供应链设备和业务的不同

性质分级制定。对于恶劣环境或敏感设备，需实时监控传感器校准，确保数据粒度和频率正常。部分设备需手动验证，确保传感器校准正常。

3. 数据质量控制

（1）数据应保持一致性，短时间内同一传感器数据应相关。若数据差异大，可能表明传感器故障。企业应设多个传感器对比数据，以便及时发现故障。

（2）数据应保持完整性，即所有原始数据点可用，可追溯时间序列数据，并可关联其他传感器或信息系统的数据。

（3）数据应保持可靠性，数据要精准。对供应链来说，数据精准至关重要。

因此，企业需要明确传感器的使用寿命，确保其数据真实可靠。

4. 数据传输与存储

在传输阶段，原始数据因来源、格式和重要性而异，常通过传输协议如超文本传输协议（hypertext transfer protocol，HTTP）和消息队列遥测传输（message queuing telemetry transport，MQTT）等标准协议或专有协议进行传输。企业需根据供应链设备和数据性质选择合适的传输方式以降低成本。

在存储阶段，企业多采用本地中间数据库进行数据存储。此数据库会根据数据的体量和类型进行聚合、过滤，并定期上传至中央数据库。因物联网产生的数据体量庞大，企业在选择数据库技术时需谨慎，以控制存储成本。

5. 数据处理与分析

在这一阶段，企业需要制定数据过滤策略，对收集到的原始数据进行标准化处理，统一其格式，并过滤重复数据。通常来说，只有过滤后的数据才会被上传至云端数据库进行长期存储，相关的原始数据则被保存在网络节点中，以便进行审核、运行状况检查等工作。

6. 数据消耗

在这一阶段，供应链企业需要将数据转化为相应的报告，以进行业务、员工等方面的调整。企业需要制定数据共享策略，建立完善的访问机制，确定哪些员工可以使用供应链数据。此外，企业还需制定使用情况跟踪策略，明确数据使用原则，保障数据信息安全。

物联网技术为企业供应链提供了前所未有的数据洞察能力，这些数据不仅有助于企业在日常运营中作出更明智的决策，而且对于长期战略规划和新业务的推出至关重要。

4.3.3 保护网络安全是重中之重

物联网与供应链的融合为企业带来了巨大的便利和效率提升，但同时也增加了网络安全的挑战。随着供应链日益复杂化和数字化，全链路安全保障已成为一项长期且艰巨的任务。企业在有限的资金和时间资源下，必须采取有效措施来加强供应链网络安全防护。为此，建议企业从以下几个方面着手进行工作：

1. 绘制企业拓扑图

企业拓扑图展现企业内部电子设备连接情况。绘制它的目的是让企业掌握基础设施、软件、数据库、操作系统等参与供应链工作的全部资产信息，以便在出现安全问题时迅速定位并解决问题。同时，企业需要建立固定资产台账，记录资产的具体位置、IP 地址、规格型号等信息。

2. 评估供应商安全等级

企业应对长期合作供应商进行安全等级评估与分类管理，制定统一评估标准，要求供应商自我评估并提交报告。定期审查供应商安全资质，对不合格者限制或解除合作。同时，部署应急防护战略，评估供应商入侵路径，进行失陷应急演练，并重点防范高危路径。

3. 警惕开源软件风险

使用开源软件时，企业需关注安全、法律、运维、断供等风险。

（1）列出必用开源软件清单，并关注许可证和使用条件，避免法律风险。

（2）建立开源软件安全管理团队，实时追踪长期使用的开源软件，进行故障修复和更新。如缺乏技术，可与专业公司合作，由其负责软件维护，提高供应链安全性。

（3）避免过度依赖开源软件，建立内部代码库备份源代码，并构建自己的开源社区以增强抗打击能力。

4. 培养企业员工的网络安全意识

为有效缓解网络攻击，首要任务是预防。企业需认识自身薄弱环节。无论多少技术防护，用户操作失误仍构成威胁，因此员工培训至关重要。员工应知晓如何识别网络钓鱼，使用高强度密码，并理解其必要性。员工缺乏密码管理认识可能导致数据泄露，因此，企业应定期组织培训，确保员工牢记关键安全步骤。

5. 加强访问权限控制

企业维护供应链网络安全，实施严格访问控制策略是重要环节。该策略要求系统、用户和程序仅访问必要信息和资源。通过精确控制权限，降低内部风险，防范不当行为，减轻外部黑客攻击影响，提升供应链网络安全和稳健性。

6. 做好数据备份与恢复工作

企业需要认清自身技术水平与行业标杆的差距，避免侥幸心理，确保数据备份并制定恢复策略。对涉及核心技术和产品的重要数据，企业须加密并备份到安全位置，定期测试恢复流程。风险事件发生后，企业能迅速恢复关键数据，避免业务中断，降低经济损失。

通过以上措施，企业可以有效地保护网络安全，确保供应链的稳定运行。随着技术的发展，这些措施需要不断更新和完善，以应对日益复杂的网络安全威胁。

05

第 5 章

大数据：推动供应链敏捷性升级

在当今高度竞争的商业环境中，供应链的敏捷性已成为企业获取竞争优势的关键因素。随着大数据技术的飞速发展，其强大的数据处理和分析能力为供应链敏捷性的提升提供了有力支持。

5.1 大数据与传统工具的"碰撞"

企业巧妙地融合了大数据技术和传统工具，成功将供应链管理推向智能化和精细化的新阶段。通过运用大数据技术，企业能够高效地处理和分析海量数据，从而更精确地洞察市场需求，实现库存管理的优化。这一创新举措为企业带来了显著的优势，并推动了整个行业的进步。

5.1.1 不断创新的仓库管理系统

企业通过创新仓库管理，优化运营流程，可提高货物入库、存储、出库效率，进而提升整体运营效率。创新管理可实现精准分类、分拣、库存控制，降低库存和人力成本，增强盈利能力。同时，创新仓库可以确保企业及时配送和精准交付，提高客户满意度，增强市场竞争力。

智慧仓储管理系统可广泛应用于不同规模的仓库运营场景，包括但不限于物流企业的中心仓库、分拨仓库，以及零售商的配送中心等。该系统具备出色的灵活性和适应性，能够满足不同行业、不同规模的仓库管理需求，为仓库运营带来更高的效率和更可靠的数据支持。

该系统以其高效、智能的特点，能够显著提升仓库管理效率和物流运作水平，为企业创造更大价值。智慧仓储管理系统通过精准把握货物的实时动态，有效优化仓库作业流程，提高作业效率与准确性，减少人为操作失误带来的风险与损失，从而为客户带来更加优质的服务体验，进一步提升客户满意度。

　　智慧仓储管理系统展现出了明显的优势。首要优势在于其能够实现仓库的全面自动化管理，有效规避了传统仓储管理中因人为操作而可能引发的失误和错误。该系统运用先进的自动化技术，实现了对货物的精确分类、高效分拣以及自动化装载，大幅降低了人工操作中的错误率，并显著提升了整体工作效能。

　　智慧仓储管理系统运用尖端技术，实现了对货物的实时追踪与可视化管理，从而确保了高效且精确的作业流程。通过物联网技术，系统实时追踪货物位置及状态，提供详尽库存数据。技术革新提高管理效率和库存控制能力，减少积压和缺货风险，为企业稳健运营提供支持。

　　智慧仓储管理系统融合物联网、人工智能和大数据分析等尖端科技，实现了仓库运作的自动化、物资流动的实时追踪以及决策支持的智能化。这些功能显著提升了仓储管理的效率和精确性，为企业供应链的发展注入了新的活力。

5.1.2　更精细、现代的 CRM 系统

　　企业通过引进更加精细化、现代化的客户关系管理（customer relationship management，CRM）系统，可以实现客户信息的全面整合和高效管理。CRM 系统不仅能够实时捕捉和更新客户数据，还能通过数据分析提供深入的客户洞察，帮助企业更好地理解客户行为。

　　汽车行业 CRM 系统分两类：一类服务制造商，另一类针对分销商。随着制造商掌握品牌权，直销成主流，CRM 发挥重要作用，让制造商深入了解用户需求，精准制定营销策略，增强用户黏性。

此外，CRM 系统还推动了汽车企业不断探索新的业务领域，如汽车共享与租赁业务、二手车业务等。这些新业务的开拓，不仅丰富了汽车企业的产品线，也进一步满足了用户多样化的需求。

再如，营销模式不断变革，许多制造商省略了中间商环节，采用直营模式，致力于提高利润。然而，对于许多传统制造业中的企业来说，如何卖出产品仍是一个难题。

经过精心设计和优化，制造业专用的 CRM 系统，能够为企业提供详尽且深入的客户信息概览。这一功能不仅有助于企业全面把握用户需求和市场趋势，更可指导企业精准制定符合用户期待且价格合理的产品策略。同时，该系统还赋予企业从产品设计、生产到最终交付的全流程生命周期管理能力，确保用户能够享受到更高品质的消费体验。通过这一系统的应用，企业能够在激烈的市场竞争中保持领先地位，实现持续稳健发展。

现代 CRM 系统可以帮助企业更好地管理客户关系，提升客户满意度。总之，在快速变化的时代，CRM 系统能够助力企业提高自身竞争力。

5.1.3 "大数据＋供应链"战略

开客市供应链管理是对公司内外物流、信息流和资金流进行全面规划、协调、监控和优化的系统性活动，旨在高效运作、降低成本、提升客户满意度。其涉及供应商筛选、采购、库存、物流、销售和退货等多个层面。以信息化为基础，开客市供应链运用数字化工具优化流程，实现智能化决策，提高供应链透明度和效率。

开客市采用店仓一体化战略，有效吸引并提升用户购物体验。其持续盈利的关键在于，公司始终致力于提高用户黏性、拓宽商品品类以及优化短途配送效率。开客市深知，以数字化手段强化自身实力，为用户创造更多价值，是塑造独特竞争优势的关键所在。

开客市因其庞大的销售量而得以汇聚丰富的销售及库存数据资源。该公司将这些数据汇入其综合技术平台，并运用高级算法进行深度处理。在此基础上，开客市对供应链的各个环节进行全面而细致的分析，从而作出科学、精准的决策。

仓储经理可以根据供应链系统对销售数据进行分析，从而优化产品品类，并将产品投放到合适的地区；营销人员可以利用数据分析用户的行为，了解用户需求的转变，并精确到需求转变的时间、地点。例如，在恶劣天气到来之前，用户倾向于储存保质期长、无须烹饪的食物。因此，开客市会与这些品类的供应商进行合作。

开客市深入了解用户需求，凭借精湛的市场洞察能力赢得了广大用户的青睐。同时，其卓越的企业实力亦使其在与供应商的合作中获得了定价及分销的特权。开客市秉持开放共享的原则，将其数据资源向全球供应商开放。供应商们可通过高效的供应链系统，实时掌握产品的流向及市场需求变化，从而精准地调整库存、优化供应链布局，甚至推出符合市场趋势的新产品。此举不仅提升了开客市与供应商之间的合作效率，也为全球供应链的稳健发展注入了新的活力。

开客市在供应链管理上实施了严谨策略，以建立与供应商的长期稳定关系。为此，开客市设定了严格的供应商准入标准，并通过规范的筛选程序确保供应商质量和信誉。开客市追求与供应商互惠互利，促进共同发展。同时，开客市重视采购流程的透明度，确保公平、公正的采购环境，并努力降低采购成本，提升运营效率。

综上，开客市的"大数据＋供应链"战略旨在通过分析数据和技术创新，优化供应链管理，提高运营效率和客户满意度。

5.2 大数据贯穿供应链全流程

大数据贯穿供应链全流程，为企业的运营决策提供了前所未有的洞察和机遇。通过深度分析和挖掘，企业能够实时掌握销售情况、运输情况、供应链绩效水平等关键信息，从而作出更加精准和高效的决策。

5.2.1 营销环节：一切以用户为主

大数据在当今的企业营销中扮演着至关重要的角色。大数据的收集、处理和分析能力不仅帮助企业洞察客户的行为，还能够在很大程度上提升营销活动的针对性和策略。大数据在市场营销中可以应用于两个方面，如图 5.1 所示。

图 5.1 大数据在市场营销中的应用

1. 预测购买行为

借助大数据技术，企业可以对用户的浏览历史和购物记录进行深入剖析，从而预测用户未来的购买趋势。以淘宝为例，该平台通过收集和分析用户数据，能够精准地推荐用户可能感兴趣的产品。这种个性化和精准化的服务不仅能够促进产品销量的提升，同时也能够显著提高用户的购物满意度。

2. 优化定价策略

在大数据的支持下，企业可以全方位地了解市场情况，从而优化定价策略。例如，企业可以根据产品的销售数据了解产品的受欢迎程度和产品的销售高峰期，在销售高峰时提高价格，以获取更多利润。

在大数据时代的浪潮下，众多品牌积极把握大数据分析带来的商业机遇。以趣多多公司为例，该公司巧妙运用先进的大数据分析技术，针对 18 岁至 30 岁年轻人群进行精准市场定位，进而成功塑造了其主流消费群体。他们系统地搜集并分析用户数据，深入了解这些年轻人在社交媒体和网络平台上的行为和偏好。

经过精心策划的策略实施，趣多多成功与目标群体建立稳固联系，有效促进业务成长与品牌传播。愚人节当日，趣多多全天候高强度推广，紧扣品牌核心理念展开探讨，确保在最适宜时机展现品牌价值最大化。同时，将用户数据收集与分析放在首位，旨在提升投放精准度，实现更高效的用户触达。

总之，大数据不仅提高了供应链的效率和透明度，而且在营销环节中，通过提供个性化体验和优化客户互动，帮助企业更好地满足客户的需求。

5.2.2　运输环节：更动态的运输网络

随着现代物流需求的日益增长，传统的静态运输网络已无法适应市场的变化。为此，众多企业纷纷借助高新技术之力，着手构建动态运输网络，以推动物流运输的升级转型，实现更高质量、更高效率、更低成本的运输服务。

动态运输网络通过整合先进的信息技术、通信技术和数据处理技术，实现了对运输资源的实时监控和动态优化。这种动态运输网络能够根据市场需求的变化、交通状况的波动以及天气等不可预测因素，灵活调整运输计划和路线。例如，通过实时追踪货物位置，企业可以及时发现并解决运输过程中的问题，确保货物安全、准时到达目的地。

此外，动态运输网络还有助于提高物流效率和降低运营成本。通过优化路线规划，可以减少不必要的运输里程，节省燃料消耗和时间成本。同时智能调度系统能够更有效地分配运输资源，避免资源浪费。

顺丰速运的动态运输网络是其高效物流服务的核心组成部分。顺丰通过精心布局，构建了多个仓储和配送中心，从而实现了对全国各地的广泛覆盖。同时，公司积极引进先进的物流科技，实现了对物流数据的实时追踪与精准处理，极大提升了物流运作的效率和精确度。

此外，顺丰在城市地区采用精细化的配送管理，确保快递员能够高效地完成最后一公里的投递任务。针对农村地区，顺丰建立了专门的配送网络，解决了偏远地区的配送难题，确保服务范围覆盖城乡。

并且，顺丰还非常注重技术创新和研发。顺丰速运始终致力于通过引入前沿科技手段，如无人配送技术和无人机送货服务，不断提升物流运作的效率和安全性。此外，顺丰亦积极寻求创新，探索并实践跨境电商和快递柜等新型业务模式和服务形式，以更好地契合和满足市场的多元化需求。

通过构建灵活且高效的运输网络，顺丰速运能够在激烈的市场竞争中保持优势，满足不同客户群体的多样化市场需求。

5.2.3 绩效管理环节：供应链绩效水平提升

在企业的供应链管理中，绩效管理是一个至关重要的环节。通过有效的绩效管理，企业可以不断提升供应链的整体绩效水平，进而实现更高效、更可靠、更具竞争力的运营。

在进入数字化时代前，许多企业使用的绩效管理方式存在成本高昂、目标不明确等问题。传统的绩效评估依赖手工操作和定期报告，不仅增加了企业的管理成本，还导致数据准确性和实时性受到质疑。此外，传统绩效管理过于关注过去业绩，忽视企业未来战略目标和市场需求。

在绩效管理领域，大数据的运用具有不可忽视的价值。通过科学技术的应用，使得企业可以实时收集和分析员工的工作数据，为绩效评估提供更为准确和全面的信息；大数据技术的运用，为企业创新绩效管理模式提供了可能，使得企业能够灵活运用多样化的绩效管理工具，并制定出更为细致入微的考核目标。这种新型的绩效管理模式不仅能够有效激发员工的工作热情与动力，更能够进一步提升企业的整体竞争力。

企业运用大数据进行绩效管理，可以实现降本增效，主要体现在三个方面，如图 5.2 所示。

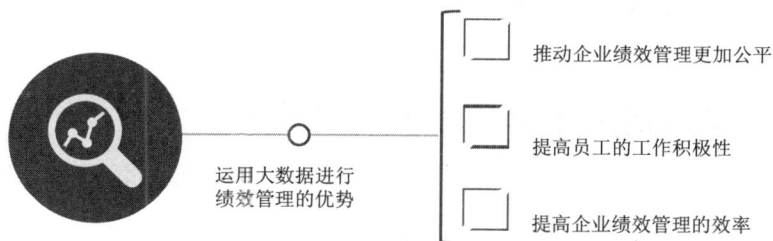

图 5.2　企业运用大数据进行绩效管理的优势

1. 推动企业绩效管理更加公平

传统的绩效管理方式往往带有一定程度的主观色彩，因此其考核结果有可能存在不公平的现象。然而，随着大数据技术的广泛应用，企业管理者可以利用数据图表等分析工具，对绩效进行更为客观和科学的管理。通过对数据的深入分析和挖掘，企业可以有针对性地改进内部的绩效考核制度，使其更加贴近实际经营管理情况。

2. 提高员工的工作积极性

通过大数据技术，企业可以深入分析员工信息和能力测试结果，精准评估员工的价值和发展潜力，实现高效人员管理。在绩效考核环节，大数据技术为企业提供全面、客观的评估手段，确保考核结果的公正与准确。企业可以及时反馈考核结果给员工，帮助他们明确短板，进行有针对性的改进与提升。

3. 提高企业绩效管理的效率

基于大数据技术，企业不再需要投入大量人力、物力进行绩效管理和绩效考核。通过相应的软件，企业可以对员工的数据进行统计和分析，随时了解自身经营情况。而且，企业能够避免重复管理或者管理不到位的情况发生，有效节约成本，提高管理效率。

总之，大数据在企业的绩效管理中发挥着重要的作用。随着数字化技术的不断发展，未来的绩效管理将更加智能化、个性化和动态化。

5.2.4 可口可乐：值得学习的绩效优化实践

可口可乐作为全球知名的饮料生产企业，其绩效优化策略对其他企业具有重要的参考价值。面对上百家合作伙伴和庞大复杂的供应链网络，可口可乐在供应链管理中遭遇多重挑战，但始终致力于提升供应链绩效。其经验和方法值得其他企业深入研究和借鉴。

具体来说，可口可乐进行供应链管理遇到的挑战主要有三点，如图 5.3 所示。

1. 全球化运营的复杂性

作为全球性企业，可口可乐在全球范围内开展业务，其供应链管理因而显得尤为复杂。此外，由于各地区政策、法规要求各异，这无疑进一步加剧了供应链管理的难度。

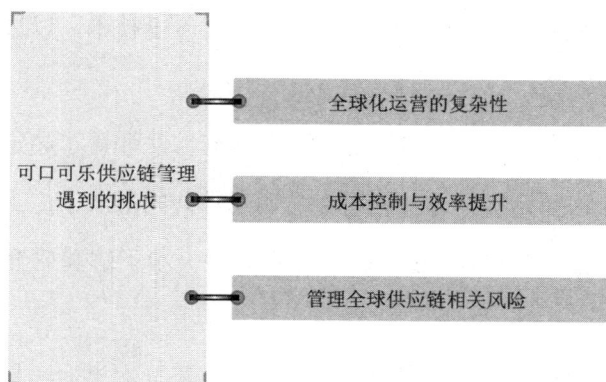

图 5.3　可口可乐供应链管理遇到的挑战

2. 成本控制与效率提升

在激烈的市场竞争中，可口可乐需要不断降低成本并提高运营效率。然而供应链管理中的各种成本，都需要进行严格控制。同时，随着消费者需求的多样化和个性化，可口可乐需要灵活调整供应链以快速响应市场变化，这也对供应商的效率提出了更高的要求。

3. 管理全球供应链相关风险

可口可乐的供应商、分销商和客户位于全球各地，每个地区都有其特殊性，可能对供应链产生影响，一些影响较大的负面事件甚至会导致供应链瘫痪。

可口可乐运用了一套科学的算法，以确保其橘子汁口味的生产过程精确无误。自橘子的采摘计划至原料的混合环节，每一步骤均经过系统的精细调控，以保障果汁的天然风味得以完整留存。这套科学严谨的生产工艺不仅保证了产品质量的稳定性，还体现了可口可乐对消费者口感的尊重与关怀。

可口可乐正在投入大量资金，以扩大其技术支持的果汁装瓶工厂的生产规模，以满足市场不断增长的需求。据悉，该工厂被誉为全球规模最大的装瓶工厂，可口可乐在此运用了其独特的黑匣子技术，以进一步提升生产效率与产品质量。

黑匣子是一套经过精心设计的算法。这套算法涵盖了超过 600 种不同的口味元素，这些元素经过精确组合与调配，共同形成了广大消费者所认可并喜爱的"橘子口味"。这一发现为我们进一步了解和研究口味科学提供了重要依据。

此数据随后与详尽记载了酸度、甜度以及每批次果汁添加量的文件进行了比对分析。通过特定的算法，可口可乐能够精确计算出如何调配各种成分，以维持果汁的独特口感，包括每批次所需的果浆量。最后，可口可乐成功将此算法整合到果园的卫星图片分析中，从而确保果实能在最佳成熟度时被采摘并送往装瓶工厂。

总之，可口可乐的绩效优化实践涵盖了多个方面，这些实践不仅有助于提高企业的竞争力和效率，还有助于推动整个行业的进步与发展。

06

第6章
区块链：助力供应链追根溯源

目前，供应链领域正面临一系列严峻挑战，包括信息透明度不足、供应商合规性难以保障，以及产品溯源困难等。在这一复杂背景下，区块链技术逐渐受到关注，并被视为解决上述挑战的一种潜在有效方式。

6.1 区块链如何为供应链赋能

区块链技术以其独特的特点，对供应链管理领域产生了深远影响，有效推动了供应链的运作向更高效、更透明、更安全的方向发展。

6.1.1 信息透明化：多方共享信息

区块链技术通过其去中心化、不可篡改和透明性的特点，能够有效解决供应链中的信息不对称问题，实现信息的透明化。区块链技术实现信息透明化的途径如下：

1. 去中心化存储

区块链网络由多个节点组成，这些节点共同维护一个分布式账本。供应链中的所有参与者，包括供应商、生产商、物流公司、零售商和消费者，都可以访问这个账本，从而消除信息孤岛。

2. 不可篡改性

一旦数据被记录在区块链上，它就几乎不可能被篡改。每个区块包含一定数量的交易记录，并且与前一个区块链接。任何试图修改数据的尝试都会被网络中的其他节点检测到，从而保证了数据的完整性和真实性。

3. 智能合约

智能合约指在区块链技术之上运作的自动化执行合同条款的计算机程

序，其特点在于无须第三方参与或介入。

通过智能合约，供应链内的交易能够依据预先设定的规则自动进行，有效减少了误解与纷争，从而显著提升了交易的可靠性与稳定性。

4. 实时数据共享

区块链允许实时更新和共享数据，这意味着所有参与者都可以随时访问最新的供应链信息。这种实时的信息流动有助于提高决策的质量和响应速度。

5. 透明度

区块链技术所具备的公开透明账本特性，为供应链中的所有交易提供了可追溯和可验证的途径。这使得消费者和监管机构能够利用区块链技术，便捷地核查产品的原始来源及其流通路径，进而有效提升了供应链的透明度。

6. 减少欺诈风险

借助区块链技术的不可篡改性与透明性特质，供应链中的欺诈行为得到了有效遏制，从而为企业树立了良好的信誉，赢得了客户的信任。此外，这种技术还降低了因欺诈行为而给企业带来的潜在损失，进一步增强了企业的稳定性和竞争力。

目前，很多企业将区块链技术与供应链相结合，有效解决信息不对称的问题。例如，IBM Food Trust，是一款运用区块链技术的食品追溯系统平台，旨在提升整个食品供应链的可视化程度。至今，该平台已吸引了沃尔玛、家乐福和雀巢等多家知名食品公司的参与。借助 IBM Food Trust，这些企业得以有效追踪食品的来源及流通路径，从而迅速应对食品安全事件，确保消费者的饮食安全。

综上所述，区块链技术作为一种革命性的创新，为供应链领域带来了诸多益处。其不仅能够显著提升供应链的透明度和安全性，还能够构建出更加可靠、高效的交易环境，从而助力企业构建更加安全、稳固的供应链体系。

6.1.2 及时溯源：假冒伪劣产品不再有

区块链技术的核心特性——不可篡改性与分布式账本机制，赋予了其卓越的溯源能力，广泛应用于供应链管理领域。具体来说，区块链技术可精准追踪并验证产品的源头、制造流程、物流轨迹等关键环节，确保产品信息的真实性与来源的可靠性，为市场中的消费者提供保障，有效遏制假冒伪劣产品的流通。

例如，华为云推出了区块链商品溯源解决方案。这个方案利用区块链技术的特性，结合物联网、大数据等先进技术，为商品提供全生命周期的溯源服务。这个方案可以应用于多个领域，如食品、医药等，帮助企业建立商品数字化身份，确保商品信息的真实性和不可篡改性。华为云区块链商品溯源解决方案主要有四个特点，如图 6.1 所示。

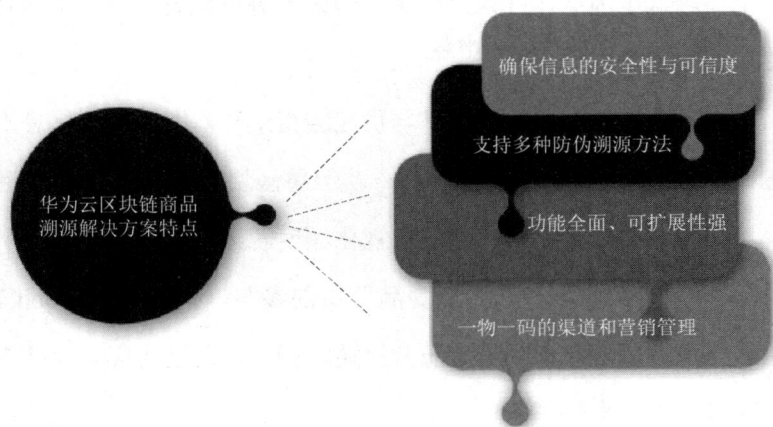

图 6.1　华为云区块链商品溯源解决方案的主要特点

1. 确保信息的安全性与可信度

区块链技术具备独特的防篡改特性，能够确保源头信息的真实性和可靠性，进而显著提升造假的成本并降低造假的概率。这一特性不仅极大地增强了用户对产品的信任度，同时也为监管部门提供了便利，使其能够迅速取证并有效执法。

2. 支持多种防伪溯源方法

华为云提供的区块链商品溯源解决方案，兼容近距离无线通信技术（near field communication，NFC）、RFID、二维码、密码锁等多种溯源手段。此方案覆盖从普通商品到高端消费品等多元化市场需求，为用户提供全面的产品溯源技术支持，满足不同层级的用户需求。

3. 功能全面、可扩展性强

该系统具备卓越的功能定制性，能够依据用户的实际需要进行灵活多变的调整。此外，系统支持根据用户角色的差异进行子系统的细致划分，以契合不同用户群体的独特需求。同时，该系统配备了标准化的接口，便于与其他系统进行高效顺畅的数据交换与整合。

4. 一物一码的渠道和营销管理

本方案旨在摆脱传统营销模式的局限，根据企业的独特商业环境，引入一物一码的创新营销互动策略。该策略融合溯源系统、传统营销方法与新兴营销策略，实现了产品营销方式的革新，为客户提供与众不同的体验。同时，产品的一物一码设计有助于经销商加强渠道管理的效率。

总之，区块链防篡改的特性能够有效避免假货流通，降低用户买到假冒伪劣产品的概率，提升用户的购物安全。

6.1.3　智能合约：为企业打造良好形象

区块链与智能合约之间存在紧密的联系，两者相互依存，共同构建了一个安全、透明且不可篡改的交易环境。具体而言，区块链技术为智能合约的执行提供了可靠的平台保障，确保了合同条款的自动执行和不可篡改性。智能合约则利用区块链的特性，实现了合同条款的数字化表达和执行，提高了交易的效率和安全性。因此，区块链与智能合约的紧密结合，为现代商业交易提供了新的解决方案。

在传统供应链体系中，中小企业融资面临诸多困难，主要原因在于金融机构对其还款能力缺乏足够的信任。然而，在现代化供应链体系中，金融机构能够借助区块链技术，全面、深入地评估企业的还款能力，从而为其提供贷款支持。这种以供应链为核心的金融服务模式，即供应链金融，应运而生，有效缓解了中小企业融资难的问题。

供应链金融是围绕核心企业展开，为供应链上游及下游的企业提供全面的金融服务。这些服务包括但不限于融资、理财以及信贷等，旨在为企业的稳健运营和持续发展提供有力支持。

传统供应链金融存在着烦琐的操作流程、众多的法律事项以及较高的不确定性。此外，链上信息的不对称也给各方带来了不小的困扰。为了解决这些问题，供应链金融领域开始引入区块链技术，并通过智能合约的应用，为企业提供更加便捷、高效的融资解决方案。区块链技术在供应链金融中的具体应用表现如图 6.2 所示。

1. 增强信任

区块链技术具有解决信任问题的独特优势。在供应链系统中，核心企业可与各级供应商共同建立共享账本，实现业务信息的透明共享。此举有助于消除信息不对称现象，提升供应链的透明度和可信度。

金融机构在去中心化后，不再依赖核心企业信用担保，而是根据供应链企业在联盟链上的信用记录来评估贷款申请，实现更公正、透明和有效的贷款评估。

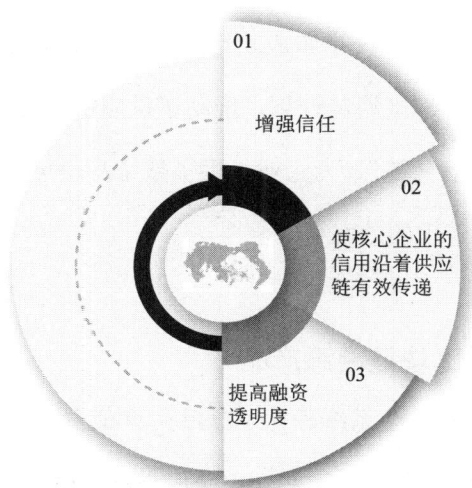

图 6.2　区块链技术在供应链金融中的具体应用表现

2. 使核心企业的信月沿着供应链有效传递

借助区块链技术的优势，供应链企业得以采用数字凭证的形式，全面记录交易信息，并确保其不可篡改性。区块链的固有特性使得任何交易数据一经记录，即无法更改。这为供应链各方创造了一个值得信赖的运作环境，显著降低了欺诈行为和错误发生的可能性。

3. 提高融资透明度

区块链提供透明平台，金融机构可实时监控供应链融资情况，包括资金流动、库存水平等，以评估风险。

综上所述，区块链技术凭借智能合约的引入，为供应链金融领域带来了颠覆性的变革，为企业构建了一个高效且可靠的工具。这一工具能确保供应链中的交易通过智能合约实现自动化执行，进而增强企业的商业信誉。

6.2 案例分析："区块链＋供应链"成功典范

区块链技术凭借其独特的优势，正在逐步改变供应链管理的传统模式，展现出全新的面貌。例如，京东成功运用区块链技术实现了产品的溯源；沃尔玛则通过实施全球区块链计划，推动了供应链管理的前瞻性变革；而云趣数科推出的"信义链"，为企业提供了数字身份可信共享的解决方案，有效提升了供应链管理的效率和安全性。

6.2.1 京东通过区块链溯源产品

京东通过区块链溯源系统确保了产品生产消费的全过程透明可追溯，消费者可以通过扫描产品上的二维码，获取详细的生产、物流和销售信息，从而增强了消费者对产品的信任。

区块链上的数据具有真实性，且无法被篡改，能够很好地解决交易中的信任问题。因为交易中每个节点的信息都被记录并保存下来，所以交易的每一步都是可以追溯的。如果交易出现了问题，通过追溯各交易节点的信息，就可以找到交易是在哪个节点出现了问题。这对交易双方信任关系的建立是十分有利的。

京东凭借其创新精神和技术实力，成功地将区块链技术应用于产品溯源，为消费者提供了一个透明、可靠的购物环境。

例如，武邑县与京东联手打造的"跑步鸡乐园"项目，创新性地为每只鸡配备了专属二维码溯源脚环，以此作为其独特的身份标识。

在跑步鸡完成饲养周期后，经过专业的加工与物流流程，最终到达消费者手中。消费者仅需扫描产品上的二维码，即可全面了解养殖场的饲养环境、管理人员以及鸡只的饮食情况等信息。

大连鑫玉龙为确保海参产品从育种至加工所有环节信息的透明度与可追溯性，已主动采用京东区块链的视频技术。该技术详细记录了海参生产全过程中的各环节信息，并将其纳入追溯系统，从而实现了对整个生产流程的透明化展示。

综上所述，京东通过区块链溯源产品的实践，不仅为消费者提供了一个更加安全、透明的购物环境，也为企业带来了运营效率的提升。

6.2.2 云趣数科"信义链"助力企业数字身份可信共享

在当前的供应链金融业务中，许多类型的企业都依托各自优势推出了供应链金融平台产品。银行机构作为供应链融资的资金方，拥有最全面的供应链金融业务模式和产品组合，为核心企业、供应商、经销商、三方物流企业等供应链关键节点提供授信和融资服务。核心企业对产业整体运作流程和信息交互较为了解，是连接供应链上下游的关键，核心企业主导的供应链金融具有高度依托真实业务背景，基于核心企业授信，拓宽上下游中小微企业融资渠道，降低融资费用和难度的特点。

除此之外，IT 服务厂商、金融科技服务商、电子商务平台、政务机构等不同类型的企业和机构都参与到供应链金融业务中。这也意味着，企业在进行供应链金融业务注册和融资时，往往面临着在不同业务平台和企业系统间切换的问题，而不同平台的数据不互通，所以企业在切换平台时需要重复注册和上传相关信息，平台之间的信息维护和运营也互相割裂，企业没有统一的数字身份认证。

互联网引爆数字身份时代，各平台百花齐放，企业需要在不同平台、场景重复注册、认证身份信息，过程烦琐，随之而来的数字身份碎片化问题，使行为记录在不同平台的控制、收集和维护信息成本很高，也存在着巨大隐患。如何解决平台和系统之间的数据割裂问题，成为数字时代企业间竞争的关键。

"信义链"是云趣数科的企业数字身份解决方案，为供应链金融、供应链管理提供基础设施链，帮助实体企业、商业银行、非银金融机构建立数字身份认证入口，解决身份信息割裂、多平台身份穿透的管理问题。"信义链"以企业数字身份链为底层数据存证平台，为企业提供跨系统、跨平台的一站式数字身份解决方案。基于区块链技术，信义链为链上各节点提供一致性身份认证和授权数据服务，链上各节点为用户身份进行多方背书和交叉认证。通过信义链认证后，在联盟链参与方中达成多方共识，免除重复注册认证过程，并在生态场景中自主运用。

从技术与场景实现上，首先，云趣数科基于联盟链技术构建产融生态合作联盟，"信义链"目前主要应用在中企云链平台、云趣数科建设和运营的部分平台，以及与其有业务数据往来的其他平台。不同企业主体与平台之间构建以中企云链云信、云趣数科信联生态等供应链金融为主要业务的供应链金融生态合作联盟，该联盟有效连接资金端和资产端，构建产融数据的安全可信交互通道。

其次，供应链金融生态合作中流转着无数的产融业务数据，每条数据都经国密算法和区块链技术加密上链存证，而且每条数据都有其对应的数据主体，所有的主体信息汇集上链，形成企业数字身份链。企业数字身份链上流转的身份信息在联盟链各节点之间达成共识，实现企业身份跨平台直接认证，免去重复开户、审核等烦琐的环节。

通过云趣数科"信义链"可以实现：数据可用，一次认证多方认可；数据可验，联盟链多方背书交叉认证保证数据真实可信；身份信息自主可控；信息隐私全面保护。

具体来说，对于金融平台，"信义链"可以帮助金融平台快速获客，联盟链上其他平台的用户可以跨平台登录认证，快速开展线上业务，拓展平台长尾客户；链上的多平台、多机构能为企业用户的身份信息进行交叉认证，降低数据造假风险，助力平台风险把控。

对于资金方而言，"信义链"可以帮助资金方快速获客，通过节点快速获取企业信息，且多方机构帮助企业用户进行信息背书和认证，提高资金方的主体审核效率；用户授权后，资金方可以从节点上调取用户多平台的历史行为，助力金融机构完善 KYC 服务；根据用户在链上各平台的历史行为，通过大数据模型进行用户信用评分，为资金方提供评级服务，便于筛选优质客户。

对于企业用户而言，企业机构在进行在线供应链金融服务时能获得自主身份认证，用户自主控制和管理数字身份，提高用户对自身数据的掌控权；此外，企业数字身份链能极大程度上方便企业进行跨平台登录和业务操作，为企业用户提供跨平台的途径，降低用户身份维护的成本。

对于整体产业而言，"信义链"的优势可以总结为两点，如图 6.3 所示。

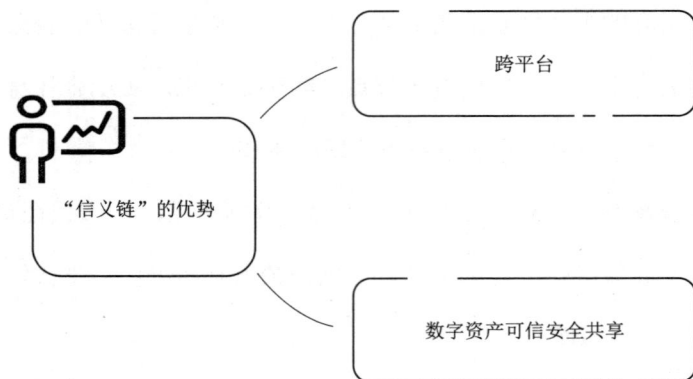

图 6.3 "信义链"的优势

1. 跨平台

以往的数字身份和产融信息都是平台化运营的，通过"信义链"在联盟链中的应用并达成共识，联盟内所有的平台和企业机构都能共享身份数据，并共同运营和维护这些数据，实现数字资产真正意义上的跨平台。

2. 数字资产可信安全共享

基于区块链底层技术，企业数字身份信息被存储至分布式存证区块中，而基于区块链的技术特性，链上数据透明可信且不可篡改，当企业需要修改数据信息时，对应会产生新的区块记录数据，并关联至旧的存储区块，且所有节点之间达成修改的共识，去中心化确保了数据的真实可信。

此外，云趣数科应用随机因子加密手段确保链上数据的真实性。链上的所有产融数据和身份数据都经过至少三层加密，客户使用这样的产品，即使第三方获取到了最高的运维权限，查询节点底层数据库信息时，依然无法查询数据的明文和密钥信息，从技术层面确保了数据的隐私性。运用到的关键技术主要有以下几种：

1. 区块链底层技术

区块链的共识机制是区块链系统能够稳定、可靠运行的关键核心技术，主要解决两个基本问题：

（1）设立公平的数据写入权利。为了避免不同的区块链账本出现数据混乱的问题，每次只挑选一个网络节点负责写入数据。

（2）确定数据在链条的同步机制。为避免出现伪造、篡改、新增数据的情况，必须设计可靠的验证机制，使所有网络节点能够快速验证接收到的数据是由被挑选的网络节点写入的数据。

信息和数据的分布式存储能确保数据的完整性，交易记账由分布在不同地方的多个节点共同完成，而且每一个节点都记录的是完整的账目，因此它们都可以参与监督交易合法性，同时也可以共同为其作证。

不同于传统的单中心或单节点记账方案，没有任何一个节点可以单独记录账目，从而避免了单一记账人被控制贿赂而记假账的可能性。由于记账节点足够多，理论上除非所有的节点被破坏，否则账目就不会丢失，从而保证了账目数据的安全性。

2. 随机因子加密

随着金融科技的不断普及，区块链技术也被应用至越来越多的业务场景，分布式存储、智能合约为区块链赋能的业务带来可溯源、数据保真、自动履约、不可篡改等技术优势。但是，由于区块链技术起步晚、成熟度还有待佐证，存在一定的技术风险，其中可溯源的技术特性就可能会为真实交易带来非常严重的数据安全问题。

基于区块链底层的产融交易数据都储存于分布式数据库，形成数据链，链上每个数据块都记录了许多信息，包括交易发起者、接收者和上游数据块信息，这也意味着一旦循着区块链找到初始数据块，就有可能破解整个链条的所有数据，这也是基于区块链的业务存在的安全隐患。

在实际的操作过程中，有两种方法能够破解数据块信息：一是通过调用智能合约，查询交易 HASH，从而精准定位数据所在位置；二是通过知道初始区块第一笔交易信息，逐个进行数据块的溯源，通过人为暴力破解的方式查询业务数据。云趣数科在为建行部署区块链服务的时候，也考虑到了区块链的技术安全和数据保护问题，针对上述的两种可能性进行逐个破解。

对于第一种调用智能合约的方式，云趣数科搭建的微节点通过部署智能合约，在数据上链之前申请获取随机密钥，对上链数据进行加密，确保数据上链时是密文状态。

对于第二种暴力溯源的方式，区块链在部署时会初始化构造四个数据块（其中一个为初始的创世区块），云趣数科在数据块索引添加到默克尔树后，将初始的四个数据块删除，从根本上确保创世区块无法被溯源。

此外，云趣数科使用的区块链底层 Hyperchain 自带加密功能，上链数据都经过国密算法加密，以密文形式存储在区块账本内。故在云趣数科的区块链创新产品中，产融数据都经过了至少三层加密，客户使用这样的产品，即使第三方获取到了最高的运维权限，查询节点底层数据库信息时，依然无法查询数据的明文和密钥信息。

未来，云趣数科计划基于"信义链"构建联盟间的企业数字身份可信认证和产融数据可信交互生态，利用区块链存证技术更多地赋能产业业务场景，提高供应链金融场景运营和操作效率，实现企业数据的数字化和资产化，高效匹配生产要素，实现产业资源的合理配置。

下篇
供应链数字化落地场景

07

第 7 章
决策数字化：保证决策精准度

在当前商业环境下，企业正面临空前的挑战与机遇。为了稳固并扩大市场地位，迅速而明智的决策成为企业的必要之举。在此背景下，决策数字化应运而生，它通过前沿的数字技术为企业提供智能决策支持，从而构建出高效的供应链数字化方案。

7.1　智能决策：人和机器彼此赋能

智能决策是借助多样化智能科技手段与工具，围绕预设目标，对关联数据进行模型构建、深度分析并据此形成决策方案的过程。在此过程中，人类与机器相互协作、彼此促进，共同推动决策质量与效率的提升。

7.1.1　被重构的传统供应链

传统供应链中，各个环节之间的信息流通不畅，导致供应链的反应速度较慢，难以满足客户快速变化的需求。同时，传统供应链还存在高成本、低效率、高风险等问题。因此，重构传统供应链成为许多企业的重要战略。

好丽友是一家传统的休闲食品行业领军企业，长期以来，其销售预测工作主要依赖于人工处理与分析数据的方式。然而，当前市场环境充满了不确定性，这些不确定性导致好丽友的零食产品需求急剧上升，达到了前所未有的高度。鉴于当前形势的变化，好丽友公司决定采取积极措施寻求创新，以解决供应链中遭遇的各类问题和业务挑战，确保公司稳健发展。

基于业务场景的需求，好丽友迅速与杉数科技达成了供应链数智化转型合作，主要在以下几个方面进行了转型：

1. 生产方案

杉数方案在精心策划过程中，全面考量了多元化的变量与多维度的约束条件，并融合了公司独立研发的 COPT 求解器技术，致力于为各工厂提供契合其独特业务需求的定制化生产计划。此方案旨在避免限制条件冲突导致的计划完成率损失，优化资源利用效率，实现成本节约和效益最大化。

2. 库存方案

库存计划方案旨在优化库存持有成本与服务水平，而非单纯追求降低成本或提升服务水平。本方案致力于对生产、库存及运输计划进行全面整合，通过应用杉数科技自主研发的供应链优化引擎，追求全局范围内的最佳解决方案。同时，本方案还为用户提供了自由设定优化目标的灵活性，以满足不同用户的特定需求。

杉数科技以利润和客户服务水平为例，运用敏感性分析方法，精准确定了最优平衡方案。该方案旨在实现企业关注的核心指标最大化，以推动企业持续稳健发展。此外，运用模拟仿真测试手段，深入探究了新库存策略及补货计划对企业运营的潜在影响及带来的收益，以期在实际执行过程中实现风险的最小化。

3. 智能履约计划解决方案

杉数的履约计划方案搭载人工智能与运筹优化两大核心技术能力，能够准确捕捉客户 / 市场需求变化，同时统筹考虑生产、库存、运输等因素的情况下做最优化最敏捷的订单履约，实现数据驱动的端到端的智能履约流程。除了优先级、时效性，杉数的履约方案还会考虑最小起运量、首单拆单限制、尽量整车发运、产品效期等非常落地的因素。

4. 智能供应链控制塔解决方案

杉数科技成功为好丽友构建了交互式供应链控制塔系统，该系统集可视化功能与预测分析技术于一体，能够实时呈现业务运营状态，并提供高度精准的预测分析，为企业决策提供有力支持。

杉数科技将实现业务工作流、计划与执行、历史与预测数据、业务流程与智能算法的无缝集成，挖掘潜在因果关系，优化业务流程，推动好丽友发展。

总之，被重构的传统供应链是一个复杂而重要的过程，需要企业充分利用先进的技术和创新思维，不断提高供应链的效率和灵活性。

7.1.2　技术基础：智能决策背后的技术

智能决策是现代企业发展中一个越来越重要的概念。在智能决策模式下，机器具备对人类行为的深入理解与对人类意图的精准推测能力，从而能够为供应链的决策提供有力支持。

智能决策技术，以人工智能与大数据为基础，结合神经网络、机器学习及进化算法等尖端技术，大幅提升了决策过程的效率与精准度。该技术能自动化地对海量数据进行深入分析与处理，从而揭示出数据背后的潜在趋势与规律，为决策者提供科学、合理的依据，助力其作出明智的决策。智能决策技术具有三个特点，如图 7.1 所示。

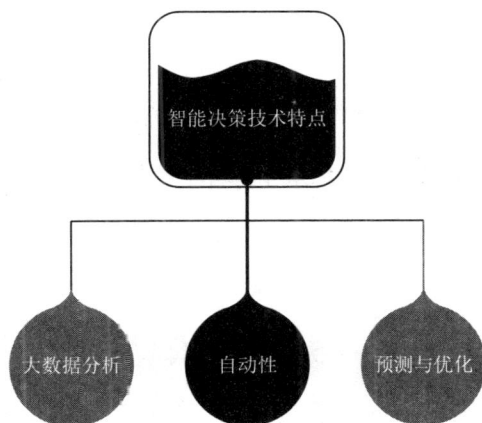

图 7.1　智能决策技术的三个特点

1. 大数据分析

智能决策技术运用先进的数据分析工具，处理大量数据集，提取关键信息，为决策者提供科学、高效的决策支持。这些数据可能来源于多个渠道，包括但不限于企业内部数据库、互联网公开信息以及传感器所采集的数据等。

2. 自动性

智能决策技术借助构建数据模型和算法，有效实现决策流程的自动化与智能化。决策者仅需明确决策目标与相应的约束条件，系统便能自动化地生成决策方案，从而实现高效且精准的决策过程。

3. 预测与优化

智能决策技术能够运用对历史数据和趋势的深入分析，准确预测未来的发展趋势及潜在结果。此外，智能决策技术亦能运用数学优化手段，以寻求最佳决策方案。

在智能决策技术不断发展的过程中，数据起到的作用越来越重要，智能决策由模型驱动转变为数据驱动，决策的效率和准确度实现进一步飞跃。相信在未来，智能决策技术的应用范围将进一步拓展，应用生态会更加繁荣。

7.1.3 联想集团：供应链离不开智能决策

联想集团，作为全球知名的科技公司，其供应链管理的复杂性和规模均堪称庞大。在此背景下，智能决策技术的引入对于联想集团而言，既是把握机遇的钥匙，也是应对挑战的必备工具。

联想集团紧跟行业变革，积极应对市场挑战，以"3S"战略推动智能化转型，保持市场竞争领先地位。

联想集团秉持创新精神，以"端—边—云—网—智"五维架构为基石，打造前沿 IT 核心技术架构，以推动行业之进步与发展。这一转型不仅彰显了联想集团对行业动态的敏锐洞察，更凸显了其主动适应和引领市场变革的坚定决心与卓越能力。

联想研究院于 2022 年 4 月正式发布了《联想供应链智能决策技术白皮书》，旨在深入探讨现代供应链管理与决策所面临的挑战与难题。该白皮书全面总结了联想集团在供应链智能决策技术创新方面的实践，详细剖析了实际应用过程中遇到的问题及所获得的宝贵经验。同时，对智能决策技术与供应链融合发展的未来趋势进行了科学预测，为业界提供了宝贵的参考与启示。

联想集团致力于研发并应用创新技术，以提升供应链决策的效率和精准性。通过实现快速高效、数据驱动、持续升级和科学精准的管理方式，联想集团已经成功地将智能决策应用于供应链管理的全流程。这不仅优化了供应链决策的流程和模式，还推动了其进一步的升级和发展。

举例来说，传统的排程方式不仅耗时，而且高度依赖人工操作。相比之下，联想的智能生产排程方案则采用了尖端的实时运筹优化技术，并结合了多阶段联合求解策略，构建了一个具有高度可配置性的多目标优化平台。此外，该方案还运用了可解释决策模型以及适应模型进化等创新技术，从而实现了更高效、更精准的排程管理。

联想集团成功突破了传统高级计划和排程系统仅仅依赖业务规则进行刻板自动化处理的局限，真正实现了人工智能的综合决策功能。联想集团这一创新不仅释放了大量潜在的产能，还优化了生产资源的配置，推动了生产效率的显著提升。

联想集团始终秉持"内生外化"的战略理念，致力于通过丰富的智能决策解决方案，为制造业、能源、电力、石化等多个行业的企业提供深度赋能，推动数字化、智能化转型的进程，包含三一重工、桐昆集团、上海电力等在内的各行业领军企业。

联想集团的供应链智能决策实践具有借鉴意义，其他企业可以积极学习其经验，并结合自身实际发展情况，探索出适合自己的供应链智能决策解决方案，以提升供应链"大脑"的运转效率，尽快实现供应链决策数字化转型。

7.2 关于智能决策的三个核心问题

智能决策系统已经在许多领域得到广泛应用。尽管智能决策系统为企业带来了诸多益处，但在实际应用过程中，企业仍需解决如下一些关键问题。首要的是如何在追求效益的同时，确保决策的公平性；其次，面对日益复杂的供应链场景，企业应如何应对；最后，新零售与智能决策的结合将产生何种协同效应，也是企业需要深入探索的问题。

7.2.1 如何兼顾公平和效率

企业在供应链管理中，随着产品线的多元化和供应端物料种类的增多，物料与产品之间的对应关系变得更加复杂。这种复杂性给供应链管理带来了诸多挑战，尤其是在物料分配和供应链协同方面，如何兼顾公平和效率是企业必须思考的问题。

在物料匹配度方面，产品线多元化意味着更多的物料种类和规格，这使得物料与产品之间的匹配变得更加复杂。企业需要确保正确的物料被分配到正确的产品上，这不仅要求企业有精确的数据管理，还需要有高效的沟通和协调机制。

在供应链协同方面，各企业因各自的经营目标和优先级差异，可能在资源分配和物料供应等方面产生分歧，难以形成共识。若缺乏有效的协同机制，将可能导致分配效率低下，甚至出现资源浪费的情况。

例如，针对供应链上因多元化产品线而带来的复杂物料分配挑战，联想开发了一套全球供应链智能分货系统。该系统具备卓越的性能和灵活性，能够在供应紧张的情况下，通过智能算法迅速分配不同目标解空间中的区间，并合理配置目标函数。该系统以秒级的速度响应客户物料需求，确保供应链的高效运作和客户的满意度。

以联想笔记本供应链为例，当面临物料短缺的情况时，各层面上的决策均会对分配的公平性、交付质量、效率以及成本产生深远影响。在进行供应链决策时，相关人员必须全面考虑各种因素，包括但不限于物料的型号、品牌等关键要素。

这些因素将对整个供应链的效率和稳定性产生深远影响，因此必须谨慎权衡和选择。随着考虑因素的不断增加，供应链系统的求解难度呈现出指数级增长的趋势，这导致了决策复杂性的显著提升。因此，企业可能无法迅速提出一个既公平又合理的物料分配方案。

联想全球供应链智能分货系统能够在供应不足时兼顾公平与效率作出智能决策，助力企业提升供应链管理能力与运营效率，进一步实现降本增效。

7.2.2　怎么样应对越来越复杂的供应场景

随着全球化和数字化的快速发展，供应场景变得越来越复杂，这给企业带来了巨大的挑战。为了有效应对这种复杂性的增长，企业和组织需要采取一系列策略和措施来确保供应链的顺畅和稳定。

智能决策是运筹优化、机器学习等多种数字化技术结合应用的成果，能够助力企业解决在供应链数字化过程中出现的供应难题。可以说，供应链数字化的最终目标，就是供应链决策智能化。《2022 工业"智能决策"白皮书——点亮企业增长的"灯塔"》中将智能决策称为工业互联网智能化的"大脑"，展现了智能决策技术的应用价值。

杉数科技于 2019 年发布了第一版线性求解器 COPT。COPT 是真正意义上的国产商用优化求解器，截至 2024 年 2 月，COPT 已经发展到 7.1 版本，在工业制造、电商零售、物流运输等多个领域得到了应用，帮助这些领域中的企业解决了长期以来困扰它们的求解难题。

但是优化求解器想要实现智能决策、解决复杂供应场景下的求解难题，就要实现行业化。面向零售行业，杉数科技推出了一款决策优化产品——"计划宇宙"。

在消费场景下，零售企业面临一系列供应链管理难题，如不同颗粒度下的需求计划、库存计划、动态定价等。"计划宇宙"消费智能运营决策优化平台以智能决策技术为依托，帮助零售企业打造"预测—优化—模拟—协同"的供应链决策闭环。

目前，"计划宇宙"已在数十个行业、数百家领先企业中成功应用，积累了丰富的行业经验和技术诀窍。例如，雀巢和杉数科技合作，共同开发了一款智能计划平台。该平台能够高效整合线上全渠道数据，确保信息实时传递与互联，从而助力企业决策更加精准高效。智能需求预测算法嵌入平台，为线上销售预测提供精准建议。多维优化措施提升需求计划执行效率和成果质量，有效推动业务增长。

该平台可精准感知供应链企业需求变化，实现快速响应和智能决策，推动零售业务增长。它可细分供应链运营场景，确保计划精准可行。全局审视供应链计划实施状态，助力零售企业实现精细、差异化运营与管理。

7.2.3 新零售与智能决策有什么"化学反应"

在传统供应链管理中，补货流程主要依赖于人工经验和既定的补货策略。然而，面对大规模且商品流动高度变化的场景，此种方法往往显得捉襟见肘，难以满足实际需求。人工补货方式难以实时准确把握市场细微变动，如季节性需求波动、促销效应和消费者购买行为变化等。这容易导致补货量过多或过少，增加库存积压或缺货风险。

智能决策技术的引入，特别是基于人工智能的供应链管理系统，已对该领域产生了深远影响，彻底改变了原有局面。借助算法和大数据分析，系统实时监控销售数据、库存、供应链及外部市场因素。基于这些数据，智能补货系统通过算法自动计算最佳补货时机、数量和频率，确保商品供应与市场需求的高度契合。

某智慧零售企业在"AI+零售"领域具有领先地位。该企业成功构建了一套智能补货决策系统，该系统整合了数据采集、数据分析和数据预测等功能，为企业的运营决策提供有力支持。智能补货决策系统能够精准地呈现商品详情、补货时机以及补货数量，显著增强了出货计划的合理性与销量预测的精准度。此外，该企业针对各类影响因子，如促销活动和季节性变化等，进行了独立建模，为多样化的业务运营模式提供了更为坚实的技术支撑。

该企业的智能补货决策系统通过在售货机上安装 AI 摄像头，精准识别售货机中每款商品的销售动态。智能补货决策系统通过实时监测商品的拿取情况，精准判断商品库存状态。一旦发现商品缺货，系统将自动生成智能补货单，并通过显示屏和手机通知补货人员，确保补货操作及时、准确。

此外，该企业能够通过 AI 智慧销售大脑随时洞察消费者需求变化，总部管理者可以及时了解商品需求等级，作出更加科学的决策，进而提升消费者体验，提升企业销售利润。

该企业通过智能决策技术成功避免了人工补货的信息偏差，降低了商品的滞销率和缺货率，使商品的供应量与市场需求尽可能地接近平衡，创造了数字零售的新模式。

企业通过利用智能决策技术，使得供应链能够实现更高水平的库存周转效率，减少过剩库存和缺货风险，同时降低运营成本。

7.3　新时代下的供应链数字化方案

信息技术的发展使供应链数字化管理成为企业提升竞争力的关键。智能决策技术的引入给供应链数字化管理带来了革命性变革。

为顺应新时代的发展要求，企业需构建一套完善的供应链数字化方案，以打造具备高度柔性的供应链体系。同时，企业还应积极学习并掌握评估供应链数字化程度的方法和标准，以不断优化供应链管理水平，提升整体竞争力。

7.3.1　智能决策核心：供应链数字化方案

供应链数字化是现代企业不可或缺的一部分，它通过将传统供应链管理与先进的信息技术相结合，实现了供应链决策的智能化和高效管理。

供应链数字化的过程可以分为三个阶段，如图 7.2 所示。

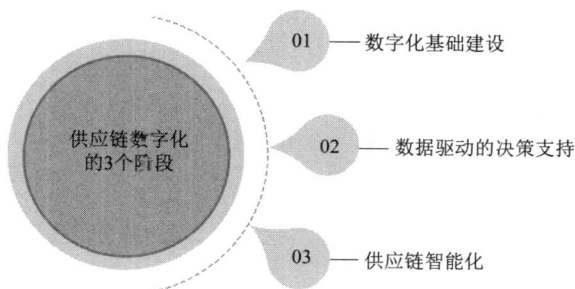

图 7.2　供应链数字化的三个阶段

1. 数字化基础建设

在这个阶段，企业开始构建数字化的基础设施，包括硬件设备（如传感器、扫描仪等）、软件系统（如 ERP、WMS 等）以及网络连接。目标是实现数据的标准化和集成，确保信息在供应链的各个环节之间能够无缝流动。数据治理和安全措施也在这一阶段得到加强，为后续的数据分析和决策提供保障。

2. 数据驱动的决策支持

一旦数据基础建设到位，企业开始利用收集到的数据进行深入分析。应用大数据分析、人工智能等技术，企业可以从海量数据中提取有价值的洞察，用于优化供应链性能。在这个阶段，决策过程变得更加科学和精准，企业能够基于数据预测未来趋势，提前调整。

3. 供应链智能化

在数字化高级阶段，企业优化内部运营，并延伸数字化至供应链生态系统。企业与供应商、分销商、客户等紧密合作，实现信息透明共享和流程协同优化。企业利用区块链、数字孪生等技术，构建安全、高效供应链网络，提升竞争力。

京东的智能供应链决策引擎能够自动收集供应链各环节中的业务数据，进行智能决策，并将最终的决策反馈给各个业务系统。京东的智能供应链决策引擎具有自成长性，可以基于机器学习体系不断学习、进化，推动智能决策体系不断优化和完善。

京东智能供应链决策引擎采用三层技术架构，分别为基础技术层、智能引擎层和决策服务层。这一架构为京东的供应链决策提供了强有力的技术支持。

基础技术层，作为最底层的架构，其稳固性与先进性对于整体运营至关重要。该层级深度整合了京东智联云领先的云计算与物联网技术，为供应链全流程的运营与决策提供至关重要的数据分析和处理技术支持。

京东智能供应链决策引擎技术架构的核心组成部分是智能引擎层，它涵盖了各种先进的算法模型以及一站式的模型开发和部署工具。

决策服务层位于技术架构最顶端，旨在为企业提供精准决策支持。利用先进智能化技术，它能深入供应链的每个环节，为企业提出高效、精准的决策建议，确保企业在激烈的市场竞争中保持领先。

京东的智能供应链决策引擎极大地提升了企业的决策效率和数智化程度，助力企业打造供应链智能决策体系。供应链智能决策体系能够将供应商、零售商、消费者等供应链上的各个参与主体连接起来，在供应链中形成协同效应，提升整个供应链的决策效率和运转效率。

7.3.2　新时代要求柔性供应链

新时代背景下，企业面临着市场需求的多样化、全球化竞争的加剧以及不确定性因素的增多，这些挑战要求供应链必须具备更高的灵活性和适应性。

物料管理是供应链管理中不可或缺的一环，库存过多或过少都会对企业经营造成不利影响。科学的物料管理可以构建灵活的供应链，使企业能够根据市场需求和供应能力的变化进行库存的定量管理，避免库存积压或缺货情况。

从本质上来看，物料管理是企业的成本和收益之间的博弈。如何做好二者之间的平衡，是困扰很多管理者的一大难题。

随着工业数字化进程的加快，物料管理方式不断升级，但是需求端和供应端之间仍存在信息孤岛，管理者决策的效率低下，决策效果差，无法及时应对变化。

在这样的背景下，智能决策技术越来越受青睐，为物料管理提供了一种新路径，能够助力企业打造柔性供应链。智能决策技术可以帮助企业收集、分析供应链各环节的数据，实现供应链管理的精细化和敏捷化。

当前，已经有一些企业将智能决策技术应用于物料管理。例如，为了提升物料分配的科学性、解决物料分配难题，宁波舜宇光电信息有限公司（以下简称舜宇光电）与杉数科技合作打造了物料分配智能决策平台。该平台以产供销一体化的理念为指导，对物料分配进行全面优化。通过深入考虑物料齐套、共用料以及内外部动态因素等多重影响，实现了物料管理的智能化。此举不仅优化了生产、库存和运营等各个环节的协同效益，更推动了公司整体运营效率的提升。

此外，针对物料分配和领用问题，智能决策技术可以帮助企业构建物料分配模型，实现端到端的物料分配和管理。

将智能决策技术应用于物料管理，有助提升整个供应链的柔性。企业可以未雨绸缪，灵活地应对各种物料问题和供应链风险，从而实现可持续发展。

7.3.3　华为如何评估供应链数字化程度

在供应链数字化转型方面，华为走在前列，为其他企业的供应链数字化实践提供了借鉴与参考。

2020年，华为供应链ISC+变革完成。基于此，华为绘制了2025年要实现的供应链数字化转型蓝图，明确了未来的两个发展方向：一是形成能够支撑多个产业差异化发展的供应链能力；二是打造连接不同参与主体、高效协同的供应链生态体系。

供应链伙伴数字化转型水平不同，影响网络生态协同。华为基于实践，构建普适框架，赋能产业链和各行业企业。此框架旨在促进伙伴和行业企业对数字化转型评估的共识，明确定位，实现横向对比，了解数字化转型水平、目标和差距。

华为供应链数字化转型评估模型从五个维度对企业供应链数字化程度进行评估，如图7.3所示。

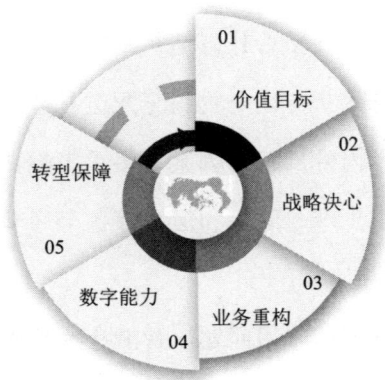

图7.3　华为供应链数字化转型评估模型

1. 价值目标

第一个评估维度是价值目标。企业应基于供应链价值设定数字化转型目标，并评估转型效果。华为以客户体验和可持续发展为价值目标，通过智能运营中心绘制供应链碳排放数字化地图，展示节能减排效果，促进绿色低碳发展。

2. 战略决心

供应链数字化转型需企业领导者明确战略决心，制定转型愿景和发展方向。确立战略决心后，可绘制完善架构蓝图，全面描述业务、应用、技术架构等发展蓝图，为各级管理者和员工描绘供应链未来美好前景。

3. 业务重构

因为供应链数字化转型涉及流程重构和业务升级，所以会引发业务运行模式发生变革。华为梳理了供应链数字化转型涉及的业务能力，并针对每一项业务能力，制定了衡量其数字化水平的标准。

4. 数字能力

供应链数字化转型需要业务和技术的双驱动，数字能力对其有重要作用。数字能力包括供应链服务化、云化、高效连接、资源配置、AI 模型构建及应用、数据治理和分析等。

以数据治理和分析为例，完整、准确的数据是供应链数字化转型的基础，科学的数据分析是决策的重要依据。华为将数据完整、准确的比例作为衡量供应链数字化水平的重要指标，并采取有效的数据治理措施提升数据质量。

5. 转型保障

供应链数字化转型是系统性工程，涉及技术、业务、组织、人才、企业文化等多方面的变革。数字化理念需贯穿企业各部门和运营环节，为供应链数字化转型提供良好环境，确保有序推进。

08

第8章

采购数字化：形成企业竞争壁垒

采购数字化是将信息技术应用于企业采购管理的过程。它通过搭建数字化采购平台，实现采购流程的自动化、智能化，从而提高采购效率、降低采购成本、优化供应链结构。采购数字化作为一种新兴的管理手段，正成为企业提升竞争力、打造坚实壁垒的关键因素。企业应充分认识采购数字化的重要性，积极投身采购数字化建设，以实现可持续发展。

8.1 采购的数字化升级：持续进行中的变革之路

采购的数字化升级是企业应对市场竞争、提高供应链管理水平的重要举措。企业应充分认识采购数字化升级的必要性，制定合理的实施策略，不断推进采购数字化升级，以实现企业采购的高效、低风险和可持续发展。

8.1.1 传统采购进入瓶颈期，亟待转型

在当今市场经济高速发展的背景下，企业采购作为企业运营的重要环节，其作用日益凸显。然而，随着市场竞争的加剧和供应链管理的不断完善，传统采购模式逐渐暴露出诸多问题，陷入了发展的瓶颈期。为了适应新的市场环境，提高企业竞争力，传统采购的转型已迫在眉睫。

传统采购面临的困境如图 8.1 所示。

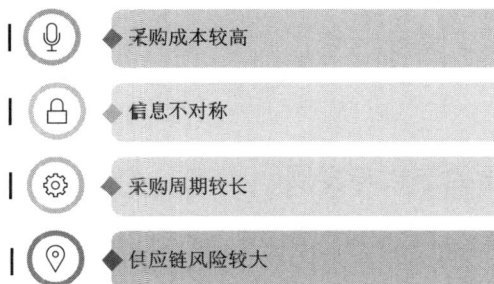

图 8.1 传统采购的四大困境

1. 采购成本较高

传统采购过程中，采购方往往需要投入大量时间和精力进行市场调查、比价、谈判等环节。同时，由于采购规模和供应商议价能力的不对等，导致采购成本较高，影响企业整体运营效益。

2. 信息不对称

在传统采购模式下，供应商和采购方之间存在信息不对称的现象。一方面，采购方难以全面了解供应商的实力、产品质量和服务水平；另一方面，供应商也无法准确把握采购方的需求和期望。这导致了采购过程中出现信任危机，影响了采购效率和质量。

3. 采购周期较长

在传统采购模式下，采购方需要通过多层审批、多环节协调，才能完成采购任务。这样的流程导致采购周期较长，无法满足市场快速变化的需求，影响企业对市场的响应速度。

4. 供应链风险较大

传统采购模式下，供应链管理较为松散，供应商资质参差不齐。一旦供应商出现问题，可能导致整个供应链断裂，对企业运营带来巨大风险。

总之，传统采购转型是企业应对市场竞争、提高供应链管理水平的关键举措。企业应把握采购转型的发展趋势，不断创新采购模式，以实现企业采购的高效、优质和可持续发展。

8.1.2 采购理念的迭代与发展

采购活动涉及企业供应链的各个环节，对于降低成本、提高产品质量、增强企业竞争力具有重要意义。采购理念不断迭代与发展，推动了企业采购活动的转型升级。面对未来，企业应紧跟时代潮流，不断创新采购模式，以应对市场变化和竞争挑战。

1. 传统采购模式

传统采购特点是以线下为主，人工操作，效率较低。在这个阶段，采购活动主要依赖于人际关系和经验判断，对市场信息的获取和分析能力有限。企业在采购过程中，往往面临信息不对称、成本较高、质量难以保证等问题。

2. 电子商务与供应链管理

电子商务平台的兴起，使得企业可以在线获取大量供应商信息，实现采购活动的便捷化和高效化。同时，供应链管理理念逐渐深入人心，企业开始关注采购过程的整体优化，通过数据分析、战略采购等手段，降低采购成本，提高采购效率。

3. 大数据与智能化的加持

企业可以通过大数据分析，深入了解市场动态、供应商实力、产品质量等信息，为采购决策提供有力支持。此外，智能化采购系统的出现，实现了采购活动的自动化、智能化，进一步提高了采购效率。例如，人工智能助手可以根据企业需求，自动筛选合适的供应商，生成采购订单，实时跟踪物流信息等。

4. 集成供应链与数字化采购

企业通过构建集成供应链体系，实现采购、生产、销售等环节的高效协同，提高整体运营效率。在数字化采购方面，企业运用大数据、人工智能等技术，实现采购活动的全流程管理，进一步降低成本、提高质量。

综上所述，采购理念的迭代与发展是企业适应市场竞争、提高供应链管理水平的关键。从传统采购观念向现代采购理念的转变，有助于企业降低成本、提高质量和竞争力，实现可持续发展。企业应不断更新采购观念，以适应市场变化，赢得竞争优势。

8.1.3 传统采购与数字化采购比较

数字化采购与传统采购在诸多方面存在显著差异，下面将从五个方面对这两种采购方式进行详细解析，如图 8.2 所示，以帮助企业更好地把握采购发展趋势，提升采购效率。

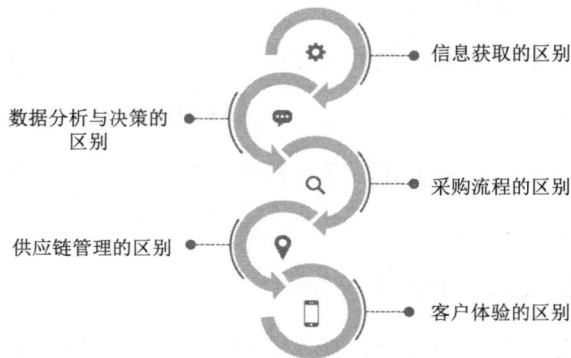

图 8.2 传统采购与数字化采购的区别

1. 信息获取的区别

传统采购主要依赖于人工搜寻、参加展会、业务洽谈等方式获取供应商信息，信息来源较为有限，且耗时较长。数字化采购通过互联网、大数据、人工智能等技术手段，快速准确地获取海量供应商信息，提高了信息获取的效率。

2. 数据分析与决策的区别

传统采购在决策过程中较少运用数据分析，容易受到主观因素影响，采购决策不够科学、严谨。数字化采购借助大数据技术，对供应商、商品价格、质量等信息进行深入分析，为企业采购决策提供有力支持，使采购更加科学、合理。

3. 采购流程的区别

传统采购流程烦琐，涉及人工操作环节较多，容易出现失误，且采购周期较长。数字化采购将采购流程简化，通过线上平台实现快速比价、下单、支付等环节，降低了采购成本，提高了采购效率。

4. 供应链管理的区别

传统采购对供应链管理的影响力有限，难以实现跨企业、跨行业的资源整合，降低了整体竞争力。数字化采购通过整合各类供应商资源，实现供应链的优化与协同，提高企业竞争力。

5. 客户体验的区别

传统采购过程中，企业需花费大量时间和精力在沟通协调、合同签订、物流配送等方面，客户体验较差。数字化采购为客户提供一站式采购服务，简化采购流程，提升客户体验。

总之，数字化采购相较于传统采购，具有信息获取快捷、流程简化、决策科学、供应链协同以及客户体验提升等优势。

8.2　数字化采购三大模式

数字化采购的三大模式——共享式采购、集中式采购和协作采购，为企业提供了转型升级的新路径。在未来的发展过程中，企业应根据自身需求和市场环境，灵活运用这三种模式，不断提升采购管理水平，以实现可持续发展。

8.2.1　模式一：共享式采购

共享式采购是指通过搭建共享平台，将企业内部的采购需求和外部供应商资源进行整合，实现采购信息的共享和优化配置。

饭饭 1080º 共享采购平台，是一个创新型的食材供应链管理系统。它的出现，旨在优化食材的上下游供需对接，为我国优质食材的生产企业提供一个大规模销售的平台，同时也为餐饮企业或终端消费者提供更为实惠的食材采购渠道。然而，饭饭 1080º 共享采购平台并非仅是一个食材买卖的交易平台，它的更深层次目标是打造一个透明、诚信的供应链系统。

在这个平台上，食品安全和产品质量是首要考虑的因素。通过建立上下游可追溯的系统，让消费者能够清晰地了解到食材的来源，保障食品安全。同时，这也是对生产企业的一种激励，促使它们生产更为优质的产品，以满足市场需求。

此外，饭饭 1080º 共享采购平台还致力于发掘并扶持优秀食品企业，帮助它们提升品牌影响力，实现可持续发展。通过平台内的资源共享、品牌背书和联合发展，这些企业可以更好地发挥自身优势，拓展市场，进而实现品牌价值的最大化。

饭饭 1080º 共享采购平台以食材供应链管理为核心，立足于食品安全和产品质量，打造了一个全方位、多层次的食材交易和产业发展平台。该平台通过推动供需对接、扶持优秀企业和发展优质产品。

8.2.2 模式二：集中式采购

集中式采购是指通过集中采购部门或专业采购团队，对企业的采购需求进行统一管理、统一谈判和统一采购。

集中式采购有利于整合企业的采购资源。通过集中采购部门或专业采购团队，企业可以将原本分散在各业务部门的采购需求进行汇总，从而形成规模效应，提高采购谈判的实力，争取到更优惠的价格和供应商政策。

集中式采购提高了采购流程的透明度和规范性。统一的采购标准和流程，使得所有采购活动都受到严格监控和管理，从而减少了采购过程中的腐败和违规行为。同时，这也为企业的内部审计和风险管理提供了便利。

在集中式采购中，企业可以采用电子招标、竞价等方式，充分利用市场竞争机制，优化采购价格和供应商选择。此外，集中式采购还可以加强对供应商的管理和评估，提升供应链的整体质量。

集中式采购是一种有效的企业采购管理方式，它通过集中力量和资源，提高了采购效率和效益，同时也为企业带来了更多的合作机会和竞争优势。

8.2.3　模式三：协作式采购

在当前全球经济一体化背景下，企业面临着激烈的市场竞争，协作式采购成为提高企业竞争力、优化供应链管理的重要手段。

这种模式突破了传统的单一企业采购方式，将多个企业联合起来，形成一个协同式采购的网络，共同实现采购目标。在协作式采购中，企业可以通过互联网、物联网等技术手段，实现采购信息的实时共享、物流配送的协同调度，以及供应链金融的协同管理等。

协作式采购的优势有五点，如图 8.3 所示。

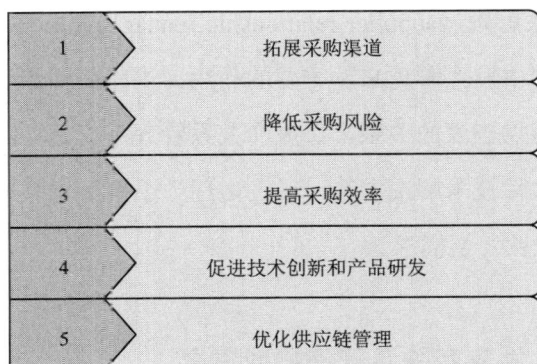

1	拓展采购渠道
2	降低采购风险
3	提高采购效率
4	促进技术创新和产品研发
5	优化供应链管理

图 8.3　协作式采购的优势

（1）拓展采购渠道。通过与企业之间的协作，企业可以获取更多的供应商资源，拓展采购渠道，从而降低采购成本。

（2）降低采购风险。协作采购可以将采购风险分散到多个企业，降低单一企业面临的采购风险。

（3）提高采购效率。通过协同合作，企业可以实现资源共享，提高采购效率。同时，互联网、物联网等技术的应用，使得采购信息实时共享、物流配送协同调度成为可能，进一步提高了采购效率。

（4）促进技术创新和产品研发。协作采购可以促进企业之间的技术创新、产品研发等合作，实现互利共赢。

（5）优化供应链管理。通过协作采购，企业可以实现供应链各环节的协同管理，提高整个供应链的运作效率。

总而言之，协作采购作为一种新型的采购模式，有助于企业提高采购效率、降低采购成本、拓展采购渠道，并促进技术创新和产品研发。

8.3 供应商关系管理如何变革

供应商关系管理（supplier relationship management，SRM）在当今企业的供应链管理中发挥着越来越重要的作用。供应商关系管理旨在改善企业与供应链上游供应商的关系。供应商关系管理不仅是一种管理思想，还是一套先进的软件技术解决方案，通过运用一系列信息技术，使得企业适应市场变化和企业发展需求。

8.3.1 为什么供应商关系管理如此重要

供应链关系管理系统的出现，在一定程度上弥补了企业资源计划

（enterprise resource planning，ERP）系统在供应商管理方面的不足。它作为一种战略性的采购管理工具，能够协助企业优化采购策略，提升采购效率，从而在供应链管理中发挥至关重要的作用。

供应商关系管理有助于企业对供应商进行有效评估、筛选和培育，确保供应商具备稳定的生产质量和服务水平。企业可以通过与优质供应商合作，提高产品质量和安全性，降低售后服务成本，提升客户满意度。

供应商关系管理还有助于企业与供应商之间开展技术创新和产品研发合作。企业可以借助供应商的技术实力和专业知识，加快新产品研发速度，降低研发风险。

在充满不确定性的市场环境中，企业需要与供应商建立灵活的合作关系，以应对各种风险和挑战。供应商关系管理可以帮助企业寻找合适的替代供应商，确保供应链的稳定运行。此外，通过与多家供应商合作，企业可以降低供应商单一带来的风险，确保原材料和产品的稳定供应。

供应商关系管理系统的应用为企业提供了一套全面、系统的供应商管理解决方案。它不仅有助于优化采购策略，提高采购效率，还能强化供应链管理，提升整个供应链的竞争力。

8.3.2　寻源管理：供应商选择更精准

供应商寻源管理作为供应链管理的关键环节，直接影响企业的成本、质量和竞争力。因此，对企业而言，掌握供应商寻源管理的方法和实践至关重要。下面从五个方面探讨如何帮助企业更好地开展供应商寻源管理工作，如图 8.4 所示。

1. 明确供应商评价标准

企业应根据自身需求，明确供应商评价的标准。这些标准可以包括产品质量、价格、交货周期、服务水平、技术创新能力等。通过对供应商的综合素质进行评估，有助于企业找到符合自身需求的供应商。

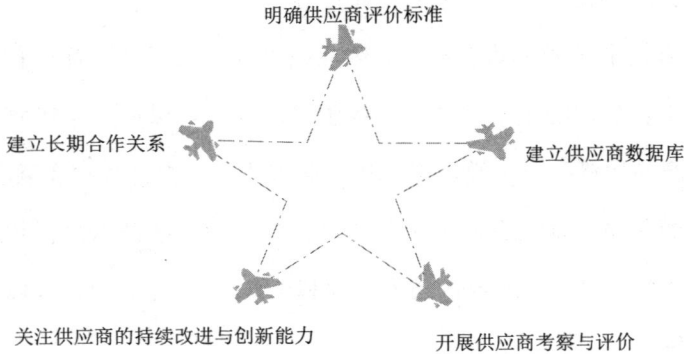

图 8.4　供应商寻源管理工作

2. 建立供应商数据库

企业应建立完善的供应商数据库，包括供应商的基本信息、产品种类、质量认证、合作经历等。数据库的建立有助于企业对供应商进行全面了解，从而提高供应商选择的精准度。

3. 开展供应商考察与评价

企业在选择供应商时，应积极开展实地考察与评价。通过与供应商面对面交流，了解其生产能力、管理水平、企业文化等，从而确保选择的供应商具备稳定供应商品的能力。

4. 关注供应商的持续改进与创新能力

企业在选择供应商时，应关注其持续改进与创新能力。具备这些能力的供应商更容易适应市场变化，确保企业供应链的稳定运行。

5. 建立长期合作关系

企业与供应商建立长期合作关系，有利于实现供应链的协同发展。通过与优质供应商建立稳定的合作关系，企业可以降低采购风险，提高产品质量和降低成本。

总之，供应商寻源管理是企业供应链管理的重要组成部分。在当今激烈的市场竞争中，企业要想获得优势，就必须关注供应链的优化与管理。

8.3.3 供方管理：强化供方合作与协同

供应商关系管理系统是我国企业日益重视的一个管理系统，其中的"供方管理"模块更是被视为关键环节。供方管理的主要目标是构建一套完整的供应商生命周期管理体系，以降低供应风险，优化供应商与企业之间的关系。

供方管理的核心目标在于建立长期稳定的合作关系，通过协同合作实现资源共享、风险共担和利益共赢。这要求企业在与供应商的合作中，不仅关注短期的成本和质量，更要注重长期的战略协同和创新发展。

生命周期管理功能有助于企业对供应商进行全面跟踪和管控。从供应商的准入到合作过程中的管理，再到供应商的退出，供应商关系管理系统都可以进行有效管理。这有助于企业及时了解供应商的动态，确保供应链的稳定运行。

以某电子产品制造企业为例，该企业通过与供应商建立长期稳定的合作关系，实现了供应链的协同管理和优化。具体来说，企业通过与供应商共享市场需求信息，实现了库存的精准控制和优化。

供方管理是供应商关系管理的关键环节，对于企业的长期发展具有重要意义。通过加强供方合作与协同，企业可以实现供应链的优化和稳定，提高整体竞争力。企业应继续深化供方管理策略，不断创新和完善管理方式，为企业的可持续发展奠定坚实基础。

8.3.4　协同管理：即时沟通与合作

在现代供应链管理中，协同管理成为一种新的管理理念，它强调的是供应商与企业之间的紧密合作和即时沟通。通过协同管理，企业可以更好地优化供应链，提高运营效率，降低成本，从而提升整体竞争力。

1. 即时沟通是协同管理的基础

有效的沟通能够确保信息在供应商和企业之间迅速传递，避免因信息不对称而导致的决策失误。通过定期召开供应商座谈会、线上交流平台等方式，企业可以及时了解供应商的生产经营状况、市场动态以及潜在风险，从而为决策提供有力支持。

2. 协同管理要求企业与供应商建立长期稳定的合作关系

在市场竞争日益激烈的今天，供应商与企业之间的合作不再是单纯的买卖关系，而是要形成利益共享、风险共担的战略合作关系。

3. 协同管理需要企业与供应商在合作过程中不断优化供应链

企业应根据市场需求和自身发展战略，与供应商共同探讨供应链的优化方案，以降低成本、提高效率为目标，实现供应链的持续改进。

4. 协同管理要求企业重视供应商的绩效评价与管理

通过对供应商的绩效进行分析，企业可以及时发现供应商在质量、价格、交货等方面的优势和不足，从而采取相应措施进行调整。

协同管理是供应商关系管理的发展趋势，它有助于企业与供应商建立更为紧密的合作关系，实现共同发展。通过加强沟通、建立长期合作关系、优化供应链以及实施绩效管理，企业可以更好地应对市场变化，提高供应链整体竞争力。

8.4　案例分析：巨头如何做数字化采购

数字化采购已成为企业竞争的新焦点。巨头企业通过不断创新和实践，实现了采购过程的优化和成本降低，为其他企业提供了有益的借鉴。下面以小米、海尔、用友三家企业为例，详细说明如何做数字化采购。

8.4.1　小米：灵活、高效的采购模式

2020 年 12 月，小米公司率先启动了"非生采购数字化"项目，致力于探索数字化采购的新模式，成为这一领域的先行者。在项目启动之初，小米公司以中国区采购系统为蓝本，秉持由点及面的原则，逐步扩大项目的覆盖范围。

为了深入推进数字化采购项目，小米公司在多个方面进行了改进和优化。在物料类和服务类等方面，小米加强了需求管理，以确保采购流程的顺畅进行。小米实现了挂标、采购等全流程的线上化，通过数字化手段提升了采购效率。同时，小米精心打造了线上采购闭环，旨在为供应商和采购方提供更为便捷、高效的交易平台。

为了深入推进这一项目，小米成立了专门的项目组，汇聚了采购部门、市场部门、技术部门和业务部门的核心力量。在选型阶段，通过对市场供应商的严格筛选，小米发现数字化供应商"支出宝"在这些方面都表现出色，成为小米的理想选择。

支出宝的"轻咨询"模块化解决方案具有快速部署、快速迭代的数字化能力，能够满足小米在市场变化中迅速调整策略、实现敏捷响应的需求。

小米将继续注重项目计划的执行、团队建设的完善、系统架构的优

化以及产品逻辑和用户体验的提升，以确保数字化采购项目的持续成功。通过双方的共同努力，相信小米将在数字化采购领域取得更大的突破和成就。

8.4.2 海尔：推出卡奥斯 COSMOPlat 采购平台

海尔集团一直以来都在积极探索数字化转型之路，通过不断创新，已成功打造出以家电为核心的物联网生态圈。

卡奥斯 COSMOPlat 采购平台是海尔集团在深度整合全球优质资源的基础上，精心打造的一款具有自主知识产权的采购平台。这个平台独特的线上线下相结合的模式，为采购者提供了一个价值交互的全新空间。

在卡奥斯 COSMOPlat 采购平台上，采购者可以享受到一种前所未有的采购体验，这种体验集零风险、精准和高效于一身。这一平台的出现，不仅彻底改变了传统的采购模式，还利用大数据、云计算等前沿技术，为采购者提供了更为精准、高效的供需匹配服务。

该平台还注重用户体验和服务质量。卡奥斯 COSMOPlat 采购平台提供了全天候的在线客服服务，随时解答采购者在采购过程中遇到的问题。同时，平台还建立了完善的售后服务体系，确保采购者在采购过程中遇到的任何问题都能够得到及时解决。

卡奥斯 COSMOPlat 采购平台以其零风险、精准、高效的采购体验，赢得了广大采购者的青睐。该平台的推出，既是海尔集团创新发展的又一重要举措，也为我国企业提供了强大的采购赋能。

8.4.3 用友：通过友云采升级 SaaS 服务

用友是一家在业内享有盛誉的企业，专注于为企业提供全方位的管理解决方案，包括企业管理、人力资源管理、客户关系管理等领域。在企业采购方面，用友凭借其丰富的行业经验和先进的技术实力，打造出了一款智慧采购平台——"友云采"，旨在助力企业实现科学采购，提升采购效率。

"友云采"是一款基于 SaaS 模式的企业采购云平台，它整合了众多的供应商和电商资源，在企业与供应商、电商平台之间搭建起一座直接沟通的桥梁。通过"友云采"，企业可以实现采购计划制订、采购执行、验货、入库、付尾款等环节的无缝衔接，从而提高供应链管理能力。

在数字化转型的浪潮下，"友云采"助力企业实现采购业务管理的优化和数字化转型。平台提供了丰富的功能模块，包括采购需求发布、供应商评估、采购订单管理、物流跟踪、财务结算等，为企业提供了一站式的采购解决方案。

"友云采"具有四大核心价值，如图 8.5 所示。

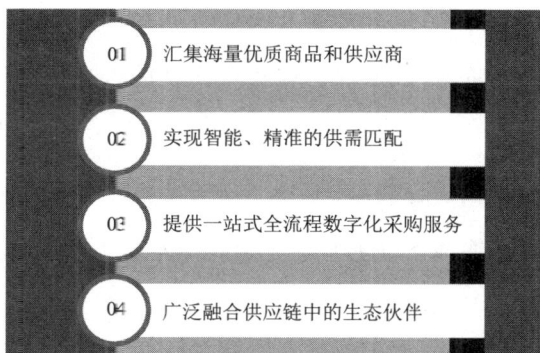

01　汇集海量优质商品和供应商

02　实现智能、精准的供需匹配

03　提供一站式全流程数字化采购服务

04　广泛融合供应链中的生态伙伴

图 8.5　友云采的四大核心价值

用友的友云采平台为企业提供了一个高效、透明、便捷的采购渠道，助力企业在激烈的市场竞争中脱颖而出。通过不断提升采购管理水平，企业将能够实现业务的持续优化和发展。

09

第 9 章

制造数字化：全方位赋能生产力

生产制造的数字化转型对整个供应链的数字化进程具有重要的推动作用。企业应充分认识其重要性，积极拥抱数字化转型，以智能制造为核心，激发供应链活力，提高供应链竞争力，为经济的高质量发展贡献力量。企业应抓住这一机遇，积极推进数字化转型升级，全方位赋能生产力，实现制造业的高质量发展。

9.1　传统工具的弊端显现

随着科技的进步和全球市场的竞争加剧，传统制造工具正面临越来越多的挑战。这些挑战不仅影响了生产效率，还限制了产品质量的提升。因此，对传统制造工具的弊端进行深入分析，并探讨改进的必要性，显得尤为重要。

9.1.1　ERP 亟待创新与升级

ERP 系统可以帮助企业实现各部门之间的信息共享，提高业务流程的效率，降低成本，并提高企业竞争力。然而，随着市场环境的变化和技术的不断创新，企业对 ERP 系统的要求也越来越高。因此，ERP 系统的创新与升级成为当下企业关注的焦点。

在早期，ERP 系统主要关注企业内部的资源整合，帮助企业实现财务、生产、销售等各部门的高效协同。然而，随着市场竞争的加剧，企业逐渐意识到单纯的企业内部协同已无法满足市场需求，因此 ERP 系统开始向供应链管理延伸。

供应链管理在现代企业竞争中具有重要地位。一个高效、协同的供应链能够降低企业运营成本、提高产品质量、缩短交货周期，并在很大程度上提升客户满意度。为了实现这一目标，企业需要一个具备强大供应链管理功能的 ERP 系统，以整合和优化供应链上的各种资源。

此外，协同商务也是未来 ERP 系统的重要发展方向。在供应链管理的基础上，协同商务旨在实现企业与供应商、客户之间的紧密合作，进一步降低交易成本、提高市场响应速度、实现产业链的共赢发展。

ERP 系统的创新与升级将更加注重供应链管理、协同商务等方面的功能，以满足企业在激烈市场竞争中的需求。在这个过程中，企业应根据自身发展战略和市场需求，选择适合自身需求的 ERP 系统，并进行持续优化。

9.1.2　进一步突破的 MES：迈向智能化生产的新篇章

制造执行系统（manufacturing execution system，MES）作为生产管理的核心，位于 ERP 和底层自动化系统之间，承担着生产过程的监控、调度、控制和优化等重要任务。它可以帮助企业实现生产过程的透明化、自动化和智能化，提高生产效率、降低成本、缩短交货周期，从而增强企业的竞争力。

MES 进一步突破的几种策略如图 9.1 所示。

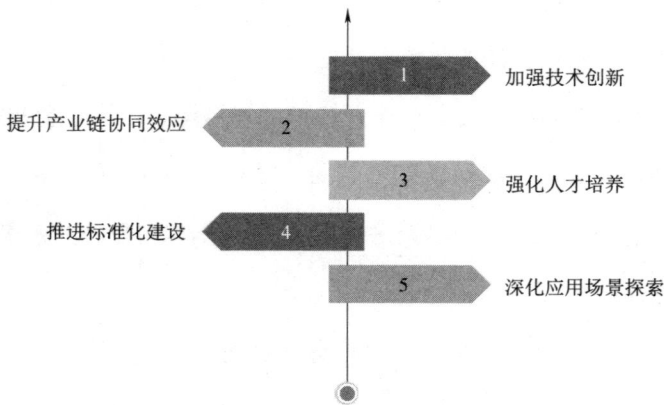

图 9.1　MES 进一步突破的策略

1. 加强技术创新

我国应加大对 MES 关键技术的研究力度，包括物联网、大数据、人工智能等前沿技术。同时，鼓励企业与科研院所、高校合作，共同推动 MES 技术的创新与突破。

2. 提升产业链协同效应

推动上下游企业、设备供应商、软件开发商等产业链各方加强合作，共同推进 MES 的普及和应用。通过产业链协同，实现设备、软件、数据的互联互通，提高生产过程的智能化水平。

3. 强化人才培养

企业应重视人才培养，提高员工对 MES 的认知和使用能力。同时，加强对企业经营管理者的培训，使其掌握先进的生产管理理念和方法。

4. 推进标准化建设

建立健全 MES 的标准体系，推动企业内部流程的规范化，提高数据采集和管理的准确性。同时，积极参与国际标准制定，提升我国在 MES 领域的国际影响力。

5. 深化应用场景探索

针对不同行业、企业的生产特点，深入挖掘 MES 的应用场景，提高其在生产过程中的实际效果。同时，鼓励企业分享成功案例，推动 MES 的广泛应用。

在多方共同努力下，MES 的发展将不断迈向新的高度。这将有助于推动制造业的智能化转型，提升企业的核心竞争力，为实现高质量发展目标提供有力支撑。

9.1.3　APS 的现状

随着技术的不断进步，高级计划与排程（advanced planning and

scheduling，APS）系统已经发展成为一种功能强大的工具，能够实时分析企业资源、能力和需求。这些系统利用先进的算法和模型，根据实时数据动态调整生产计划，以满足市场需求和客户需求。

作为供应链优化引擎，APS能够基于规则和约束条件自动生成可视化的详细计划。这一功能使得企业在制订生产计划时能够更加直观地了解生产进度、资源利用情况等关键指标，从而有针对性地调整计划，提高生产效率。

APS能够对各类资源进行同步、实时、具有约束能力和模拟能力的对比与考量。这意味着企业在制订生产计划时，可以充分考虑生产工时、物料供应状况、工艺路线、加工顺序等关键因素，确保生产计划的合理性和可行性。

APS提供了丰富的约束条件设置，包括生产工时、物料供应状况、工艺路线、加工顺序及其他自定义约束条件。这些约束条件有助于企业实现对生产过程的精细化管理，确保生产计划能够在实际操作中顺利执行。

作为供应链优化引擎，APS自动生成可视化详细计划的功能为企业生产计划提供了有力支持。随着APS技术的不断发展和完善，相信其在各行业的应用将愈发广泛，为企业带来更大的价值。

9.2　制造数字化已经是定局

数字化制造已经成为当今世界的发展趋势，无论是发达国家还是发展中国家，都在积极布局和发展数字化制造技术。随着5G、人工智能、大数据等新兴技术的快速发展，数字化制造进程将进一步加快，迈向全球制造强国。

9.2.1　工程体系：拥抱新制造

数字化转型是一个长期的过程，只有打造一个完善、强大的工程体系，才足以支撑企业成功实现转型。企业打造工程体系的目的有两个：一是加速用户需求的生产；二是提供更稳定、更好的产品体验。完整的工程体系如图 9.2 所示。

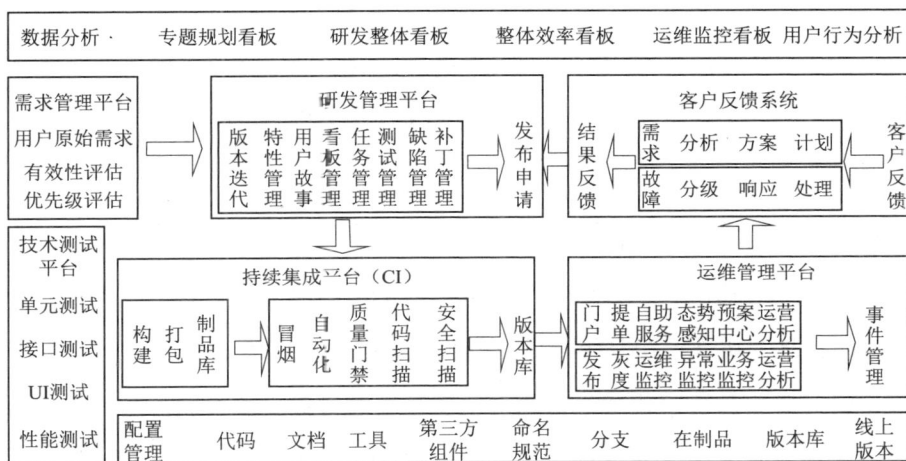

图 9.2　完整的工程体系

（1）企业要利用需求管理平台沉淀用户数据，排列用户需求优先级。企业可以将各个渠道内用户消费习惯、使用偏好、个性化需求等高价值的数据收集起来。

例如，苹果公司推出的服务：每位用户在使用新的设备之前，都会收到一个弹窗——询问用户是否愿意与苹果公司共享自己的偏好数据。基于此，苹果公司就可以为用户提供更好、更加个性化的服务。

（2）企业要构建功能完善的研发管理平台，还要做好产品的迭代优化。企业有了明确的战略愿景和目标一致的团队，做好了用户数据沉淀，接下来就需要按照用户需求，改进自己原有的生产体系，使其适应市场的变化。

在持续集成平台上，依托多种先进的数字化、自动化技术，企业会不断地更新自己的产品生产线，确保产品的迭代能够高效完成。

以马扎克机床为例，在沉淀用户数据的同时，它还在不断更新自己的生产线，让用户可以用它的智能自动化机床高效制造出更多高水平的产品。

（3）利用好用户反馈系统，将用户新的需求以及反馈的问题都收集起来传递给产品研发管理平台，进行版本的迭代优化。此外，当产品销售出去后，企业也要注意对用户使用情况跟进一段时间，确保产品的质量和用户操作正确，必要时还可以为用户提供一定的技术支持和辅导。

9.2.2　制造数字化倒逼组织升级

数字化时代，制造企业应充分认识数字化倒逼组织升级的必要性，积极应对挑战，实现组织升级，以提高企业竞争力和市场份额。

（1）要明确数字化时代给制造企业带来的挑战。一方面，随着技术的飞速发展，消费者需求日益多样化，产品更新换代速度加快，对企业创新能力提出了更高要求。另一方面，全球市场竞争愈发激烈，企业需要紧密关注市场动态，迅速调整生产和经营策略。在这个过程中，传统组织架构的局限性愈发显现，企业必须进行组织升级以适应新的竞争环境。

（2）数字化为企业提供了丰富的创新资源和手段。借助大数据、云计算、人工智能等先进技术，企业可以实现信息的高效传递、资源的优化配置和业务的协同创新。企业应充分利用这些技术手段，推动组织架构、管理模式和业务流程的变革，实现组织升级。

那么，如何实现组织升级呢？

企业要树立以客户为中心的理念，紧密关注市场需求，优化产品和服务。企业要打破传统组织壁垒，促进部门间的协同合作，提高工作效率。

企业还需加强人才培养和引进，提高员工素质，以适应数字化时代的需求。与此同时，企业要持续完善数字化基础设施，为组织升级提供技术支持。

数字化时代，制造企业应充分认识数字化倒逼组织升级的必要性，积极应对挑战，实现组织升级。通过优化组织架构、提升管理水平、加强技术创新和人才培养，企业将能够在激烈的市场竞争中立于不败之地。

9.2.3 智能工厂成为时代新产物

太原重型机械集团有限公司智能高端装备产业园区内的智能加工配送中心下料车间，充满了科技创新的魅力。在这个占地 3 万平方米的厂房内，以往忙碌的工人身影已被 200 多台智能设备和拥有"大脑"与"眼睛"的机器人所取代，它们全天候坚守岗位，为我国重型机械产业注入新的活力。

在这个高度自动化的生产线上，智能切割机正在对各种厚度的钢板进行精准切割，焊花四溅、弧光闪烁。仅需 4 分钟，一台智能设备就能完成钢板的上下料、喷码、切割、分拣、配送等全工序全流程自动运行，输出高质量、合格零件。

在物流转运区，一辆辆 AGV 小车在中控系统的统一指挥下，精准地行驶至分拣工位取货。随后，在激光的帮助下，这些小车将带有条形码的零件分别自动运送至指定线边库，完成每一次精确高效的运输。这种智能化、自动化的物流体系，为我国重型机械产业带来了前所未有的高效与便捷。

智能加工配送中心下料车间的成功运行，充分展示了我国智能制造产业的先进水平。在科技创新的驱动下，太原重型机械集团有限公司将继续发挥产业优势，推动我国重型机械产业迈向更高端、更智能的发展方向。

9.2.4　别小看智造单元的价值

智能制造已经成为当今制造业发展的大趋势，它所带来的变革不仅深刻，而且不可逆转。在这种背景下，企业如何应对挑战、把握机遇，通过打造智造工厂来加快智能制造进程，成为摆在面前的一个重要课题。

智造单元是指在智能制造过程中，具有独立功能、自主决策、网络协同、快速响应等特点的小型生产线或设备。智造单元的核心内涵在于提高生产过程的灵活性、可靠性和效率。通过将先进技术应用于生产现场，智造单元可以实现对生产过程的实时监控、数据采集和智能分析，从而降低生产成本、缩短生产周期、提高产品质量。

智造单元可以实现生产过程的自动化，减少人工干预，提高生产效率。在我国制造业转型升级的过程中，智造单元的应用有助于提高整体生产线的运行效率，提升我国制造业的国际竞争力。

此外，智造单元具有网络协同功能，可以实现设备、生产线、企业之间的互联互通，促进生产资源的高效配置。这将有助于推动企业创新，提高产业链的协同发展水平。

智造单元在智能制造中具有举足轻重的地位。企业要充分认识其价值，积极推动智造单元的研发和应用，为制造业的转型升级贡献力量。

9.3　智能制造引爆供应链数字化

智能制造与供应链数字化是现代制造业发展的重要方向，在这个大背景下，供应链数字化受到了前所未有的关注。智能制造和供应链数字化相结合，不仅能够提高企业生产效率，降低成本，还能推动产业转型升级，实现高质量发展。

9.3.1　生产变革的四个层面

数字化生产已成为当今企业提升竞争力、优化生产流程和提高生产效率的关键途径。为了实现这一目标，企业需要在应用层、操作层、技术层和感知层四个层面进行全面变革。

（1）在应用层，企业需要将先进的数字化技术应用于生产过程。这包括大数据分析、人工智能、物联网等技术的广泛应用，以实现生产数据的实时采集、分析和应用，从而优化生产决策和提高生产效率。

（2）在操作层，企业要实现生产操作的自动化和智能化。通过引入自动化设备、机器人技术以及先进的监控系统，降低人力成本，提高生产稳定性和产品质量。

（3）在技术层，企业要持续创新，不断引进先进的生产工艺和技术。这包括材料科学、智能制造、新能源等技术领域的研究和应用，以降低生产成本，提升产品竞争力。

（4）在感知层，企业需要建立全面的生产监测体系。利用物联网技术和传感器设备，实现对生产环境、设备状态、物料供应等各个环节的实时监控，确保生产过程的安全、稳定和高效。

迈向数字化生产的道路充满挑战，但也是企业走向高质量发展的必由之路。企业应深入理解和把握四个核心层面的变革要求，持续推动数字化生产的发展。

9.3.2　升级生产路径是当务之急

当今时代正处在发展的快速路上，升级生产路径已经成为各行各业的当务之急。生产路径的升级不仅有助于提高生产效率、降低成本，还能促进产业结构的优化，推动我国经济实现高质量发展。

（1）智能制造生产升级有助于提高生产效率。通过引入先进的智能化生产设备和技术，可以实现生产过程的自动化、数字化和智能化，从而降低生产成本，缩短生产周期，提高生产效率。这对于我国制造业来说，具有非常重要的现实意义。

（2）智能制造生产升级有助于提升产品质量和创新能力。智能化生产设备和技术可以实时监测生产过程中的各种参数，确保产品质量稳定可靠。同时，智能化生产过程可以实现生产数据的快速收集和分析，为产品创新提供有力支持，提高企业的创新能力。

（3）智能制造生产升级有助于实现绿色生产。智能化生产过程可以实现能源、材料等资源的高效利用，降低生产过程中的能耗和污染排放，从而实现绿色生产，符合我国发展绿色经济的总体方向。

升级生产路径是经济发展的必然选择。只有抓住新时代的发展机遇，坚定不移地推进生产路径升级，才能为经济的可持续发展奠定坚实的基础。

9.3.3 企业应该如何做好敏捷开发

近几年，敏捷开发已经得到了广泛应用，帮助很多企业开发出了更好的产品。所以越来越多的企业试图进行规模化敏捷开发，最大限度地发挥敏捷开发的价值。敏捷开发主要分为产品规划、产品开发过程管理、产品运维与运营等环节，如图 9.3 所示。

年初规划、季度滚动、月度复盘 ├──────┤持续迭代发布做好产品├──────┤持续运营帮助客户成功
找到真问题

战略规划	季度滚动 价值规划	产品研发过程管理		产品运维与运营	
		需求管理 平台	敏捷研发迭代管理	运维	运营
产品战略	业务产品规划		编码测试	任务管理 灰度发布 运维监控 事件处理 用户管理 成本管理	产品运营 用户运营 内容运营 数据运营 持续反馈 用户服务
产品组合	技术和平台 规划	专题清单	需求设计		
产品路线	产品协同计划	个性清单	发布验证		
资源布局	产品发布计划	迭代需求 清单	数据分析		

工程体系平台 持续集成与持续发布流水线 效能度量 运维及运营监控

业务及科技融合赋能　　多敏捷规模化团队协同治理　文化社区运营　数字化人才赋能

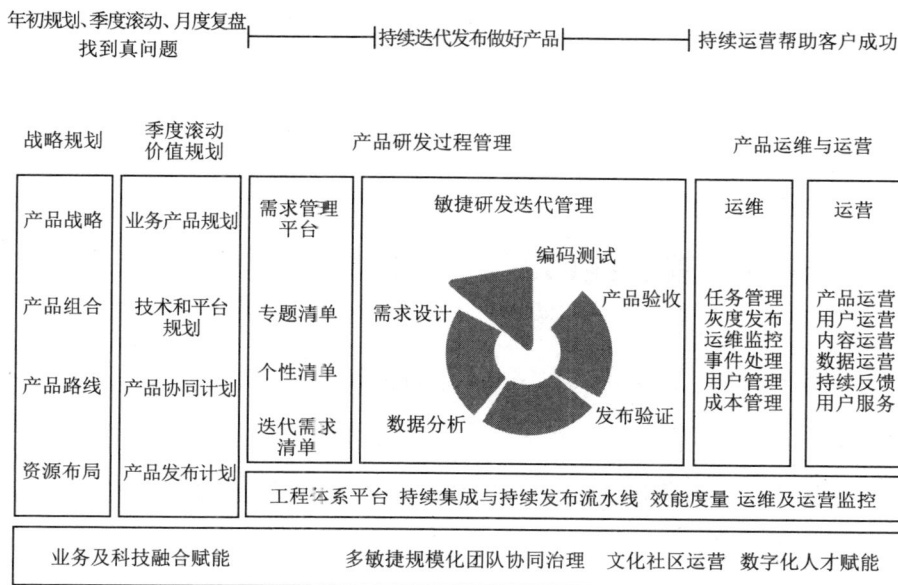

图 9.3 敏捷开发流程

产品规划环节分为宏观的战略规划和拆分后的季度滚动价值规划。在宏观上，企业首先要明确产品要达到的战略目标是什么，计划推出怎样的产品组合，走怎样的产品路线，如何调动手中的资源进行战略布局。而落实到每个阶段的实际操作中，企业需要针对产品进行具体规划，构建完整的技术平台，推出公开、透明的协同计划，以求团队之间可以配合好。

在产品开发过程中，企业要明确用户需求优先级，规划需求专题清单、个性清单以及迭代需求清单。从用户的需求出发，在产品发布之后收集数据反馈，进行产品优化，再次进行测试检验，确保产品的稳定运行，发布新版本。迭代管理是一个周而复始的过程。

产品上线之后，企业需要进行运维和运营。产品运维主要包括任务管理、灰度发布、运维监控、成本控制等内容。而产品运营主要包括产品、用户、

内容、数据运营等内容，企业要持续收集数据反馈，为产品的迭代优化提供参考。

9.4 成就：被赋能的制造环节

随着科技的不断进步，数字化已经深入社会的各个领域，为各行各业带来了革命性的变革。生产制造行业作为国民经济的重要支柱，也不例外。数字化技术正逐渐改变传统的生产模式，使得企业的生产制造走向智能化、高效化和绿色化。

9.4.1 产品和服务"焕然一新"

数字化制造技术的崛起，让产品和服务焕发出了前所未有的新生机。在科技的推动下，各行各业纷纷开始探索数字化转型的道路，以满足消费者不断升级的需求。如今，数字化已经深刻地改变了人们的生产、生活和商业模式，为各类企业带来了前所未有的发展机遇。

例如，德国制造企业雄克采用 SAP 智能产品设计方案，推动数字化创新在实际工程中的应用。该方案通过虚拟镜像展示"数字化双胞胎"理念，让设计人员提供产品 360°全息视图，帮助用户深入了解产品细节。

设计人员可通过仪表板直接访问产品相关信息，如结构、三维模型等，跟踪现场设备性能，对比设计与实际消耗的马力，发现差异，推动工程调整。

此外，数字化服务为用户带来了更优质的体验。在数字化技术的赋能下，企业可以提供24小时不间断的在线服务，满足用户随时随地需求。同时，通过对用户数据的挖掘和分析，企业能够精准地把握用户需求，为用户提供量身定制的解决方案。

数字化制造不仅使产品和服务焕发出新的活力，还为企业和整个产业链带来了深刻变革。面对数字化时代的到来，企业应积极拥抱新技术，持续创新，以提升产品和服务质量。

9.4.2　将机器带入工厂

在制造业面临转型升级的关键时期，机器的大量应用成为推动产业变革的重要力量。机器能够承担繁重、重复的体力劳动，提高生产效率，降低生产成本，有助于实现制造业由传统模式向智能化、高端化方向的迈进。

小米、海尔、富士康等厂商现如今开始采用"黑灯工厂"的制造模式。黑灯工厂实际上是一种新型的生产模式。它主要由全自动机器设备和少量管理人员组成，这种模式最大的特点是，在工人下班后，设备可以自主运行，继续制造产品。这个过程完全不需要大量工人参与，因此被称为"黑灯工厂"。

与工人相比，这些设备可以 24 小时不间断工作，而且不会生病。即使偶尔出现故障，也只需要技术员进行维修，就可以继续投入使用。

根据麦肯锡数据显示，到 2025 年，全球将有超过一半的工厂变为黑灯工厂。以往一份工作需要 180 个人才能完成，在黑灯工厂中，只需要 12 个人就可以完成。这 12 个人主要是维修人员和设备管理工程师，他们负责确保设备的正常运行，并处理可能出现的突发情况。

机器进入工厂代替工人完成工作，是科技进步和工业发展的必然结果。企业需要在享受其带来的好处的同时，积极应对挑战，抓住机遇，推动工业生产的持续发展和进步。

9.4.3 供应与需求失调问题被解决

在经济市场中，一种普遍的现象引起了广泛关注，那就是供需不平衡。供需不平衡是指社会生产能力与社会需求水平之间存在的矛盾。而数字化制造的出现，在解决供应与需求失调问题方面，发挥了举足轻重的作用。

数字化制造通过精准的数据分析和预测，显著提高了生产和供应链的灵活性。数字化制造通过实时收集和分析市场数据，能够准确预测消费者需求的变化趋势，并据此调整生产计划和供应链策略。这种灵活性不仅减少了库存积压和浪费，还确保了产品能够满足市场的即时需求。

此外，数字化制造还推动了供应链的透明化和协同化。传统的供应链管理方式往往存在信息不对称和沟通不畅的问题，导致供应与需求之间的不匹配。然而，数字化制造通过应用物联网、区块链等先进技术，实现了供应链的实时监控和数据共享。

这使得企业能够更准确地了解供应链的各个环节，提高供应链的协同效率和透明度。这种透明化和协同化的供应链管理方式，有助于减少供应中断和延误的风险，确保供应与需求的平衡。

数字化制造在解决供应与需求失调问题方面发挥了重要作用。通过提高生产灵活性、推动定制化生产、促进供应链透明化和协同化等转型，数字化制造正推动着制造业向更加智能、高效和可持续的方向发展。

9.4.4 新时代要有生态链思维

在当今时代，我们见证着制造业数字化和信息化的程度不断加深，转型升级的步伐也随之加快，从而引发了制造业领域的深刻变革。为了顺应这一趋势，企业需要具备生态链思维，以构建可持续发展的产业生态系统。

生态链思维是一种整体性、系统性的思考方式，强调在制造业中，各个企业之间、企业与供应商、客户之间形成紧密的合作关系，共同构建一个互利共赢的产业生态系统。在这个生态系统中，企业需要关注产业链的上下游环节，发挥各自核心竞争力，实现资源的高效整合和优化配置。生态链思维强调协同发展、合作共赢，以应对激烈的市场竞争和不断变化的市场需求。

例如，小米公司采用"生态链思维"，利用自身优势构建生态链，与合作伙伴共同发展。其业务涵盖硬件（如手机、电视等）、互联网（如MIUI、云服务等）和新零售（如小米商城、小米之家等）。这些业务构成以小米为核心的生态链，被称为小米模式的"放大器"。小米为生态链中的初创企业提供资源和支持，促进其快速成长，为小米的创新和拓展提供支持。

因此，在制造数字化时代，企业需要树立生态链思维，紧密合作，共同应对挑战，实现产业转型升级。

10

第 10 章
仓储数字化：完善仓储智能管理

作为物流供应链的重要组成部分，仓储行业也迎来了数字化转型的关键时期。仓储数字化不再是传统仓储管理的简单升级，而是利用先进技术手段，对仓储设施、库存管理、运输配送等环节进行全面改造，实现仓储业务的高效、智能、绿色和可持续发展。

10.1　现状：仓储必须数字化

仓储数字化是推动仓储智能管理迈向新高度的重要途径。如今，数字化仓储已经在众多行业中得到广泛应用，其影响力逐渐凸显。相较于传统的仓储模式，数字化仓储以高效、智能的特性，对我国供应链整体的数字化转型起到了推动作用。

10.1.1　为什么仓储必须数字化

在供应链管理领域，数字化仓储正日益成为企业不可或缺的一部分。它不仅能够优化库存管理，提升物流效率，还能促进供应链协同，为企业带来诸多益处，如图 10.1 所示。

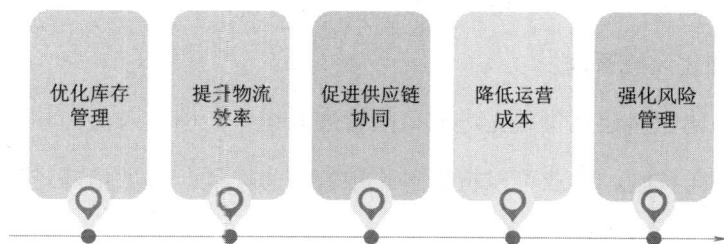

图 10.1　数字化仓储在供应链中的核心作用

1. 优化库存管理

数字化仓储通过集成先进的仓储管理系统，实现了库存数据的实时更新和准确掌握。企业可以依据实时库存数据，进行精确的库存控制，避免库存过多或过少带来的问题。此外，数字化仓储还能提供库存预警功能，确保库存的稳定性和销售的连续性。

2. 提升物流效率

数字化仓储通过引入智能化设备和系统，实现了货物的快速入库、出库和分拣。这不仅减少了人工操作的错误和延误，还提高了物流的效率和准确性。同时，数字化仓储还能与物流系统无缝对接，实现订单的快速处理和货物的准时送达，满足客户的期望和需求。

3. 促进供应链协同

数字化仓储能够连接供应链的各个环节，实现信息的共享和协同。企业可以通过数字化仓储平台，与供应商、生产商、销售商等合作伙伴实现信息的实时交换和共享，提高供应链的透明度和协同效率。

4. 降低运营成本

数字化仓储通过自动化、智能化的设备和系统，降低了人力、物力和时间等运营成本。企业无须雇用大量员工进行手工操作，而是可以通过自动化设备和系统完成货物的入库、出库、分拣等工作。这不仅减少了人力成本，还提高了工作效率和准确性。

5. 强化风险管理

数字化仓储通过集成先进的风险管理系统，能够实时监控和预测供应链中的潜在风险。企业可以根据风险预警信息，及时采取措施进行风险防范和控制，避免或减少风险对企业运营的影响。

总之，企业应积极引入数字化仓储技术和管理模式，以优化库存管理、提升物流效率、促进供应链协同、降低运营成本并强化风险管理。数字化仓储将更好地为企业提供支持，助力供应链水平的提升。

10.1.2　社区化仓储：消除"最后一公里"

在现代物流与供应链管理中，最后一公里问题一直是一大难题。所谓最后一公里，是指产品从生产厂家到消费者手中，最后一个环节的过程。这个过程往往涉及物流配送、仓储管理等环节，而这些问题在供应链管理中占据很大比重。

社区化仓储的核心理念在于将仓储设施与消费者社区紧密结合，通过地理位置的优势，实现快速、便捷的物流配送。社区化仓储的核心价值体现在四个方面，如图 10.2 所示。

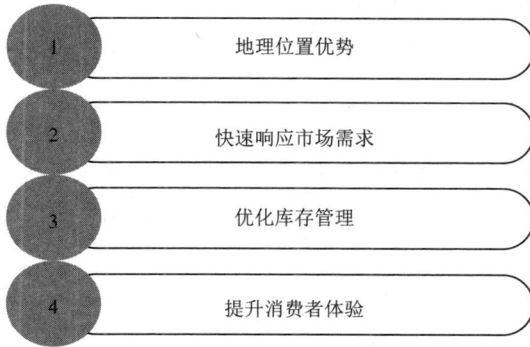

图 10.2　社区化仓储的价值

（1）地理位置优势。社区化仓储设施位于消费者社区附近，大幅缩短了配送距离，提高了物流效率。

（2）快速响应市场需求。社区化仓储能够快速响应市场需求，满足消费者对快速配送的期望。

（3）优化库存管理。通过精准的库存管理和数据分析，社区化仓储能够减少库存积压，降低库存成本。

（4）提升消费者体验。通过提供快速、便捷的配送服务，社区化仓储能够提升消费者的购物体验和满意度。

社区化仓储的灵活性是其在供应链管理中的一大优势。在面对市场变化和不确定性的环境下，社区化仓储能够迅速调整策略，降低供应链中断的风险。这种灵活性为整个供应链带来了更强的韧性，使得企业在面临挑战时能够稳健应对，确保供应链的稳定运行。

社区化仓储不仅是一个物理意义上的仓储设施，更是供应链各环节协同合作的平台。通过信息化手段，社区化仓储能够实现供应链各环节的信息共享，提高企业间的协作效率。这种协同效应不仅提升了整个供应链的竞争力，也为企业创造了更多的价值。

社区化仓储通过优化仓储布局，缩短了配送时间和距离，从而降低了物流成本。这一方面提高了企业的运营效率，另一方面也为消费者带来了更为快捷的配送服务，从而提升了整体物流体系的效率。

在积极推动供应链创新与发展的背景下，企业应充分认识社区化仓储的重要性，将其融入供应链战略规划，以实现供应链的高效、韧性和可持续发展。

10.1.3　建设数字化仓库的全方位指南

数字化仓库建设是企业仓储管理转型升级的必然趋势。通过明确建设目标、科学规划实施、持续优化改进等措施，企业可以成功打造数字化仓库，提升仓储管理水平和竞争力。打造一个高效的数字化仓库，可以将其分为七个阶段进行规划和实施。

1. 规划阶段

在打造数字化仓库之前，首先需要明确企业的目标和需求。这包括对仓库布局、物流线路、设施设备等方面的整体规划。这一阶段的目标是确保数字化仓库在满足企业运营需求的同时,具备良好的扩展性和可持续发展性。

2. 技术选型

在技术选型阶段，企业应根据自身实际情况，选择合适的物联网技术、大数据平台、云计算服务和人工智能技术。这些技术将作为数字化仓库的核心支柱，助力企业实现智能化管理。

3. 系统建设

系统建设阶段是数字化仓库的核心环节。在这一阶段，企业需要搭建一个涵盖库存管理、物流管理、设备管理、人员管理等方面的智能化管理系统。通过这一系统，企业能够实时掌控仓库运营状况，提高决策效率。

4. 设备采购

为了支持数字化仓库的运营，企业需要采购一系列智能设备，如自动化仓储设备、无人搬运车、智能货架等。这些设备将大幅提高仓库作业效率，降低人力成本。

5. 数据采集与分析

数据采集与分析是数字化仓库的价值所在。企业可通过各种传感器和设备收集仓库内物流、环境等数据，进行实时分析和预测。这将为企业决策提供有力支持，助力企业实现精细化管理。

6. 人员培训

在数字化仓库的实施过程中，企业需加强对员工的信息化培训。通过培训，员工将更好地了解数字化仓库的运作原理，提高在智能化环境下的工作效率。

7. 持续优化

数字化仓库并非一蹴而就的项目，而是一个持续迭代、优化的过程。企业需不断调整和优化数字化仓库的运营管理，以提升仓库运营效率和效益。

总之，打造数字化仓库是一项系统性、全局性的工程。企业需紧密结合自身实际，有计划、有步骤地推进，以实现仓库运营的智能化、高效化。

10.2　不断升级的库存管理

在数字化时代，库存管理不再局限于传统的记录和监控，而是通过先进的技术手段实现智能化、自动化的管理。这种新定义的库存管理不仅提高了企业的运营效率，降低了成本，还为消费者带来了更加个性化的购物体验。

10.2.1　数字化时代，如何控制库存

当前供应链正处于数字化转型的浪潮之下，库存控制策略的优化变得愈发重要。数字化技术的运用，让供应链透明度得到极大提升，企业能够更加精准地掌握库存动态，从而作出更加明智的库存决策。

在数字化时代，先进的库存管理理念和方法对于提高库存控制效果具有重要意义。例如，采用"just-in-time"（准时制）生产和库存管理模式，可以根据客户订单需求及时调整生产计划和库存策略，降低库存成本。此外，企业还可以采用先进的库存优化算法，如 ABC 分类法、周期盘点法等，提高库存管理的效率。

智能化技术在库存管理中的应用可以为企业和商家带来显著的优势。例如，采用物联网技术（internet of things，IoT）实现仓库的自动化管理，可以提高货物出入库的效率，降低人工成本。此外，利用人工智能技术进行库存预测和优化，可以提高预测准确性，降低库存波动。

借助数字化工具，企业可以更加准确地预测市场需求，并根据市场变化动态调整库存策略，以保持库存与需求的平衡。需求预测是库存管理的关键环节，准确的预测可以为企业提供合理的库存决策依据。此外，根据市场变化的动态调整也可以使企业更好地应对市场波动，提高库存管理的灵活性。

同时，数字化技术可以帮助企业分析不同产品的库存周转率、滞销情况等，从而优化库存结构，降低库存成本。通过库存结构的优化，企业可以提高库存利用率，降低库存积压，进一步提高企业的运营效率。

库存管理是一个持续改进的过程。企业需要定期评估库存管理的效果，发现存在的问题和不足，并采取相应的措施进行优化。

10.2.2　哪种库存管理模式适合你

在如今多变的市场环境中，如何选择适合自身的库存管理方式成为每个企业都必须面对的问题。下面将探讨两种突破传统的库存管理方法：供应商库存管理和联合库存管理，以期为企业提供更为全面、科学的库存管理策略。

供应商库存管理（vendor managed inventory，VMI）是一种以供应商为主导的库存管理方式。在该模式下，供应商根据企业的需求进行生产，并负责管理库存。这种方法有助于降低企业的库存成本、减少资金占用和缩短交货周期。

联合库存管理（jointly managed inventory，JMI）是一种协同式的库存管理方法，旨在实现供应链各环节的协同作战。企业与供应链中的其他成员共同制定库存策略，共享库存信息，以实现全局优化。联合库存管理有助于减少库存波动、降低缺货风险、提高库存利用率，从而提高整个供应链的运行效率。

企业在选择库存管理方式时，应充分考虑自身的需求和供应链的特点。以下几点可供企业在选择时参考：

（1）企业所处的行业特点和市场环境。不同行业的库存管理需求和挑战有所不同，企业应根据自身所处的行业和市场环境，选择合适的库存管理方式。

（2）供应链协同程度。企业应根据与供应商和合作伙伴的协同程度，选择适合的库存管理方式。协同程度较高的情况下，联合库存管理可能更为合适；反之，则可以考虑采用供应商库存管理。

（3）库存成本和效益。企业应在充分了解各种库存管理方式的优缺点的基础上，结合自身的成本和效益需求，进行合理选择。

总之，企业应根据自身情况和需求，选择合适的库存管理方式。无论是供应商库存管理还是联合库存管理，都能为企业带来一定的效益提升。

10.2.3　创新：智能预测与补货

自动化库存预测与智能补货是库存管理升级的创新手段，对于提高企业库存管理水平和竞争力具有重要意义。在当今竞争激烈的市场环境下，企业应充分认识其重要性，推动库存管理向智能化、精细化方向发展。

自动化库存预测可以帮助企业实时掌握库存状况，通过对历史数据的挖掘和分析，准确预测未来库存需求。这有助于企业避免库存积压和断货风险，降低库存成本，提高资金周转率。

阿里巴巴是我国电子商务领域的领军企业，面临着诸多挑战，其中库存管理问题尤为突出。为了应对这一挑战，阿里巴巴运用先进的人工智能技术，研发出一套智能预测系统，旨在提升库存管理效率，降低库存成本。

通过引入智能预测系统，阿里巴巴实现了库存管理的智能化、精细化。该系统能够根据历史销售数据，找出潜在的销售规律，为预测未来库存需求提供有力支撑。同时，系统还能考虑季节性因素以及市场趋势，进一步提高预测的准确性。在实际应用中，这套系统帮助阿里巴巴将库存周转率提高了 30%，取得了显著的成果。

智能补货系统是现代供应链管理中的重要组成部分，它利用先进的技术和算法，对库存进行实时监控和预测。根据预测结果，系统可以自动生成合理的补货计划，以确保库存水平保持在适当的范围内。

智能补货系统的运作过程中，与供应商的信息系统对接是至关重要的。通过这一对接，补货计划可以迅速传达给供应商，使其在最短的时间内响应，确保产品的准时交付。

智能补货系统还可以为企业节省大量的人力和时间成本。传统的手动补货方式需要大量的人力进行库存管理和数据分析，而智能补货系统可以自动完成这些工作，使企业能够将更多资源投入其他核心业务领域。

通过精确预测市场需求、实时监控库存状态并实现智能补货决策，企业可以优化库存管理、提高运营效率并增强市场竞争力。

10.3　案例分析：数字化仓储先行者

在当今数字化时代，许多领军企业，如亚马逊、京东、孩子王等，率先探索仓储数字化转型的道路，为整个行业树立了典范。它们在面临机遇与挑战的过程中，不断破浪前行，推动仓储行业的数字化发展。

10.3.1　亚马逊：推出更现代的云仓模式

作为全球知名的电子商务巨头，亚马逊深知数字仓储的重要性，因此不断引入先进技术，积极探索数字仓储领域。

亚马逊云仓是亚马逊在数字仓储领域的一次创新尝试，它巧妙地将云计算与物联网技术相结合，有效解决了传统仓储管理中存在的问题。作为一种新型仓储模式，亚马逊云仓对传统实体仓库进行了数字化和网络化改造，通过云端平台实现对库存、订单、物流等信息的实时管理和操作控制。

亚马逊云仓具备五点优势，如图 10.3 所示。

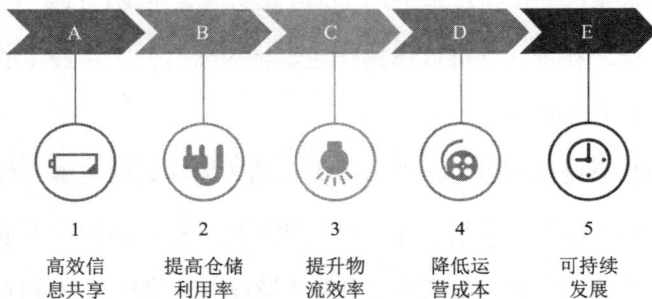

图 10.3　亚马逊云仓的优势

（1）高效信息共享。通过互联网接入，亚马逊云仓能够实时掌握库存数据、订单信息、物流运输状况等，实现信息的高效共享，为商家和用户提供准确、实时的数据支持。

（2）提高仓储利用率。通过对库存数据的实时监控和分析，亚马逊云仓能够智能调整库存策略，避免库存积压，提高仓储利用率。

（3）提升物流效率。借助物联网技术，亚马逊云仓能够实现物流运输的自动化、智能化，缩短配送时间，降低物流成本，提升物流效率。

（4）降低运营成本。亚马逊云仓通过数字化、网络化改造，简化仓储管理流程，降低人力、物力投入，从而降低运营成本。

（5）可持续发展。亚马逊云仓采用绿色环保的技术和设备，旨在降低能源消耗，实现可持续发展。

总之，亚马逊云仓以创新的技术手段，打破了传统仓储管理的局限，为电子商务平台提供了强大的后端支持，进一步优化了用户体验，为亚马逊在激烈的市场竞争中保持领先地位提供了有力保障。

10.3.2　京东：坚持数字化仓储研究不放松

如何利用先进技术打造智能化仓储系统，提升物流工作效率，实现降本增效，成为我国物流企业面临的一大挑战。针对这一挑战，京东物流给出了答案——天狼智能仓储系统。该系统由京东物流自主研发，旨在帮助物流企业提升仓库存储能力，提高货物出入库效率，减少仓库占地面积和人力资源消耗。

天狼智能仓储系统分为硬件和软件两大部分。在硬件方面，该系统配备了穿梭车、提升机和工作站。穿梭车采用超薄车身，负责水平搬运工作，行走速度达到 4 米 / 秒。提升机配备 20 米超高立柱，负责垂直搬运工作，升降速度达到 5 米 / 秒。工作站则具备拣货、盘点、自动供箱等多项功能，供箱效率达到 600 箱 / 时。

在软件方面，该系统依托京东自主研发的仓库管理系统（warehouse management system，WMS）、仓库控制系统（warehouse control system，WCS）以及数据采集与监视控制（3D SCADA）系统组成智能调度系统。通过 5G 网络快速下达任务，提升硬件设备的拣货效率和存储密度，进而为用户提供更高效的服务。

除了推动自身仓储数字化水平不断提升外，京东物流还助力其他企业实现仓储数字化转型。例如，京东物流与广东亿安仓供应链科技有限公司合作，帮助亿安仓优化仓储工作流程，实现仓储系统数字化升级。

在我国物流行业不断发展的背景下，智能化仓储系统将成为提升物流效率的关键。天狼智能仓储系统的成功应用，不仅为我国物流企业提供了有力的技术支持，还推动了行业整体水平的提升。

10.3.3　孩子王：围绕"母婴"愿景创新供应链

孩子王，是一家在 2009 年成立的母婴儿童用品全渠道服务商，其定位中高端，主要服务对象为我国的准妈妈和 0 至 14 岁的儿童。这家公司致力于为消费者提供一站式的购物体验，从实体门店到线上 App、小程序、电子商城等多种渠道，都能看到孩子王的身影。

在过去的十几年里，孩子王凭借其敏锐的市场触觉和坚定的发展决心，已经在我国的近 200 个城市开设了直营门店。它不仅注重线下布局，更是在数字化时代，积极打造线上渠道，以满足更多消费者的需求。

孩子王的发展道路并非一帆风顺，但它始终坚守初心，围绕"母婴"这一核心业务进行拓展。主营业务包括母婴产品的销售、母婴服务、广告业务等，这些都是为了给消费者带来更优质的消费体验。

在当今数字化时代，孩子王紧紧抓住机遇，以"信息化—在线化—智能化"的发展路径，精心搭建了一套数字化系统。

该系统包含前台、中台、后台和终端系统。前台系统主要面向用户，提供便捷的消费体验；中台系统负责整合各类资源，提高企业内部协同效率；后台系统专注于数据处理和分析，为决策者提供有力支持；终端系统则连接了众多生产设备，实现了生产要素的数字化和在线化。

在这套系统中，孩子王竟然包含了 7 000 多个子模块和上千种数字化生产工具。这些子模块和生产工具各司其职、相互协同，将各个生产环节紧密连接在一起。在实际运营过程中，孩子王不断优化这些子模块和生产工具，使业务运转效率得到了显著提高。

通过这套数字化系统的助力，孩子王在市场竞争中占据了有利地位。它不仅实现了生产要素的数字化和在线化，还将这些数据化信息用于指导企业决策，使业务发展更加稳健。

11

第 11 章

物流数字化：引领物流新趋势

物流在供应链管理中占据着举足轻重的地位，它作为连接生产端与消费端的纽带，起着至关重要的作用。在数字化浪潮的推动下，物流行业迎来了全新的发展空间，呈现出蓬勃发展的态势。

11.1 数字化时代让物流更透明

数字化时代为物流行业带来了前所未有的透明度和发展机遇。在这个以信息技术为主导的新时代，物流的透明化不仅成为一种可能，更成为一种趋势。这种变革不仅为物流行业带来了效率的提升，也为消费者和企业带来了更大的便利。

11.1.1 传统运输已经跟不上时代

传统的物流运输方式在这个信息化的时代中已经逐渐暴露出种种弊端，如图 11.1 所示，无法满足现代社会对高效、快捷、低成本的物流服务的需求。因此，对传统物流运输进行转型升级已成为当务之急。

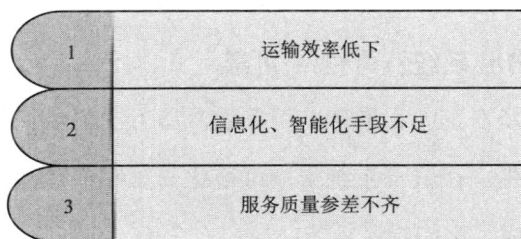

1	运输效率低下
2	信息化、智能化手段不足
3	服务质量参差不齐

图 11.1 传统运输的弊端

1. 运输效率低下

由于物流环节过多、信息沟通不畅，导致货物在运输过程中耗时较长，无法满足当下市场对速度的要求。与此同时，传统物流运输在资源利用率上也存在问题，如运输工具的空载率高、仓储设施闲置等，这些都造成了物流成本的上升。

2. 信息化、智能化手段不足

在现代物流行业中，大数据、物联网、人工智能等技术已成为提升物流效率的重要手段。而传统物流运输企业在这些方面的发展相对滞后，无法充分利用先进技术对物流过程进行优化和管控。

3. 服务质量参差不齐

传统物流运输企业在服务质量上也存在一定的缺陷。由于管理水平参差不齐，导致货物在运输过程中可能出现损坏、丢失等问题。而且，传统物流企业在服务网络覆盖范围上也有一定局限，无法满足消费者对多元化、个性化物流服务的需求。

针对以上问题，物流行业必须进行转型升级，以适应时代发展的要求。总之，传统的物流运输已经跟不上时代的发展步伐。在物流行业面临重大发展机遇和挑战的背景下，加快转型升级，推动物流运输现代化，已成为行业持续发展的关键所在。

11.1.2 智能物流系统：可视 + 可靠

为了满足市场对高效、准确、可靠物流服务的日益增长的需求，智能物流系统应运而生。在这一系统中，可视化与可靠性是两大不可或缺的要素，它们共同构成了智能物流系统的核心竞争力。

可视化是指通过集成物联网、云计算、大数据等技术手段，将物流过程中的各种信息以直观、易懂的方式呈现出来，使得相关人员能够实时掌握物流动态。

通过可视化界面，企业决策者可以迅速获取到货物运输、仓储、配送等各个环节的实时数据，从而作出更加科学、合理的决策。可视化物流信息不仅有助于企业内部的沟通和协作，还能够增强与客户之间的信任。

在智能物流系统中，可靠性是确保物流服务稳定、高效运行的关键因素。通过多种方式，智能物流系统能够抵御各种风险，保证物流过程的顺利进行，如图 11.2 所示。

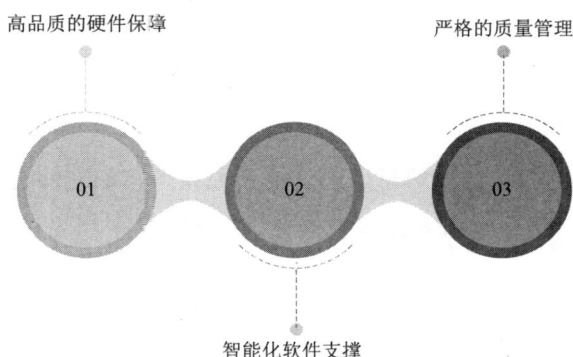

高品质的硬件保障　　　　　严格的质量管理

01　　02　　03

智能化软件支撑

图 11.2　确保可靠性的方法

（1）高品质的硬件保障。智能物流系统采用高品质的硬件设备，确保数据采集、传输和处理的准确性，为物流过程提供坚实的物质基础。

（2）智能化软件支撑。智能物流系统依托先进的软件平台，通过智能化的数据处理和分析，提高物流过程的自动化和智能化水平，降低人为错误和失误的风险。

（3）严格的质量管理。智能物流系统实施严格的质量管理体系，对物流过程中的各个环节进行监控和管理，确保物流服务的稳定性和可靠性。

智能物流系统通过可视化和可靠性的双重保障，为物流行业带来了前所未有的变革。随着技术的不断创新和应用场景的不断拓展，智能物流系统将继续引领物流行业的发展方向，为企业和社会创造更大的价值。

11.1.3 数字化时代，物流情况随时掌握

数字化技术为物流行业带来了前所未有的透明度。借助先进的物联网设备，每一件货物、每一辆运输车辆都可以被实时监控。这种透明度使得物流过程变得更加可预测，有助于企业提前规划，减少不必要的延误。

宝洁公司，作为一家全球化的消费品巨头，其业务范围遍布世界各地。其物流系统承载着全球范围内的供应链管理、仓储运营以及配送环节等重要任务。为了更好地掌控这一庞大的物流网络，宝洁采用了先进的物流可视化系统，达成了对全球物流系统的实时预测以及监控。

宝洁的物流可视化系统是一个强大的工具，它能够实时地收集、处理和展示全球范围内的物流信息。通过这一系统，宝洁能够全面了解其全球供应链的运行状况，包括供应商、制造商、分销商和零售商等各个环节。

宝洁运用数据分析和预测模型，对供应链上的各种风险进行提前预判。在预测到可能出现的物料短缺、仓储滞留等问题时，宝洁会迅速采取措施，如调整生产计划、优化库存管理等，以避免这些问题对业务造成影响。

此外，宝洁还利用物流可视化系统对国内快递物流进行实时监控，实现仓储配送的全面协调。物流可视化系统的引入，让宝洁能够对产品从生产线到消费者手中的全过程进行实时跟踪和管理。

通过这一举措，宝洁在提高物流效率的同时，也大大降低了物流成本。全面协调的仓储配送，使得宝洁的产品能够迅速到达市场，满足了消费者对产品时效性的需求，进而提升了客户满意度。

在竞争激烈的市场环境中，宝洁通过优化物流管理，确保产品准时送达，赢得了消费者的信任和青睐。这种优势在很大程度上来源于宝洁对物流环节的重视，以及对先进技术的运用。

数字化时代为我们带来了"随时掌握物流情况"的可能性。通过运用

先进技术、构建智能平台、加强政策支持和信息安全保障，物流行业正朝着更加高效、透明、智能的方向发展。

11.1.4　德邦：加速物流透明化升级

德邦快递，作为我国快递物流行业的一员，在当前互联网高速发展的背景下，德邦快递成功地运用"互联网＋物流"的模式，实现了物流运输的透明化，找到了一条符合自身发展的转型之路。

德邦快递凭借零担物流的起源，始终坚持创新，将新技术引入传统快递行业，与华为、腾讯等知名企业展开合作。

德邦快递与华为的合作成果丰硕，成功引入了华为的云服务。在物流云、智慧物流园等领域进行了深入探索，实现了快递单信息的自动识别、数据备份和网络传输等功能。同时，德邦快递还采用了华为的光学字符识别（optical character recognition，OCR）技术，有效降低了人工手动处理快递单的成本，提高了数据录入的效率。

德邦快递与腾讯的合作也取得了显著成果，借助企业微信实现了用户、企业、系统和商业的连接，打造了生态闭环。通过企业微信，德邦快递的员工能够实现同事、用户和供应商三方的对接，实现快递信息同步，确保每个快递都能安全、高效地送达。

在"双 11"等快递业务高峰期，德邦快递面临着巨大的压力。为应对快递量激增导致的暴力分拣问题，确保快递安全和用户满意度，德邦快递制定了完善的应对机制。

（1）德邦快递为物流中心的摄像头接入了"违规操作 AI 智能识别"系统，这套"不走神"系统能够对快递分拣区域进行全时段监控，使工作人员能够专心分拣，违规操作率大幅降低。

（2）德邦快递独立研发了"大小件融合自动分拣多层立体自动化分拣系统"，实现了大件货物与小件货物的智能分拣，提高了货物处理效率。

（3）德邦快递设置了自动识别暴力动作的功能，便于排查和制止暴力行为，有效降低了员工暴力分拣的概率。

德邦快递在数字化转型的道路上不断探索，通过与华为、腾讯等企业的合作，成功提升了自身竞争力。

11.2　新工具：机器人流程自动化

数字化转型已经成为当今社会的一大趋势，在这个背景下，机器人流程自动化应运而生，成为企业实现业务流程自动化的重要技术支撑。通过运用机器人流程自动化技术，企业可以轻松地研发和部署机器人，从而降低人力消耗、提高工作效率。

11.2.1　深入了解机器人流程自动化

机器人流程自动化（robotic process automation，RPA）是一种通过软件机器人或虚拟助手模拟人类用户在计算机系统中的操作，实现自动化执行一系列重复性、规律性任务的技术。

RPA 技术的发展可以追溯到 20 世纪 90 年代，随着计算机技术和互联网的普及，各种企业信息系统逐渐成为日常工作的重要组成部分。然而，这些系统中的许多操作都具有重复性和规律性，需要大量人工进行处理。

为了解决这一问题，RPA 应运而生。经过多年的发展，RPA 技术已经从单一的桌面自动化扩展到跨系统、跨平台的全面自动化，应用范围涵盖了财务、人力资源、客户服务、供应链管理等众多领域。

RPA 工作的核心原理如图 11.3 所示。

图 11.3　RPA 的核心原理

1. 流程识别与建模

RPA 技术的第一步是对企业的业务流程进行详细的识别和分析。通过深入了解企业的业务流程，RPA 软件能够精准地识别出哪些流程是可以自动化的。随后，RPA 软件会将这些流程转化为计算机可读的模型，为后续的自动化执行奠定基础。

2. 软件机器人设计与开发

在流程识别和建模的基础上，RPA 软件会设计并开发出专门的软件机器人，用于自动化执行企业的业务流程。这些软件机器人通常具有高度的灵活性和可扩展性，能够根据不同的业务场景进行定制化的开发和优化。

3. 自动化执行与监控

当软件机器人被部署到企业的业务系统中后，它们就能够自动地执行那些原本需要人工完成的任务。在执行过程中，RPA 软件会实时监控机器人的运行状态和执行效果，确保自动化流程的顺利进行。

4. 数据处理与报告生成

RPA 技术的另一个重要原理是自动化处理业务数据，并生成相应的报告。通过自动抓取、清洗、分析和展示业务数据，RPA 软件能够帮助企业更好地理解业务状况，为企业的决策提供有力的数据支持。

总之，机器人流程自动化作为一种高效、灵活的自动化技术，已成为企业提升竞争力、降低成本、优化业务流程的重要手段。

11.2.2　如何制定机器人战略

企业需要深入了解市场需求。在物流行业，提高物流效率、降低运营成本成为企业的重要诉求。为了满足这些诉求，机器人成为缓解物流压力、提高运输效率的有效工具。事实上，我国已经有一些企业开始尝试运用机器人技术来提升物流效率，比如在搬运、分拣、仓储管理等环节引入机器人，取得了显著的效果。

企业应根据自身业务需求，明确机器人在物流环节中的应用场景。例如，对于搬运环节，可以采用搬运机器人来减轻员工的体力劳动，提高搬运速度和准确性；在分拣环节，可以使用分拣机器人来实现快速、精确分拣，降低物流成本；在仓储管理环节，可以利用仓储机器人提高库存管理效率，降低库存损耗。

企业需关注机器人技术的发展动态。目前市场上机器人技术层出不穷，包括传统的工业机器人、自动化设备，以及新兴的无人驾驶、无人机等技术。企业应根据自身的业务特点和需求，选择合适的机器人技术。例如，在物流仓储环节，可以采用自动化搬运车辆、无人机进行货物搬运和盘点；在分拣环节，可以利用智能分拣系统提高分拣效率。

企业在制定机器人战略时，还需关注整个物流体系的智能化建设。通过引入大数据、物联网、人工智能等技术，实现物流环节的信息化、智能化，提高企业运营效率。企业需要整合各类资源，如硬件设备、软件系统、运营团队等，构建一个高度智能化的物流体系。

在数字化变革中，企业对人才的需求越来越高。企业应当加大对人才的培养和引进力度，提高员工的数字化技能，为机器人战略的实施提供有力支持。

只有通过科学规划和有效实施，企业才可以充分发挥机器人技术在物流领域的作用，提升物流效率和降低成本。

11.2.3 顺丰：争做物流数字化榜样

顺丰速运，作为我国快递物流行业的领军企业，始终以提升配送效率和优化服务质量为首要任务。为了实现这一目标，顺丰在科技创新上不断发力，大力引进和研发各类智能设备，并将这些设备广泛应用于配送的各个环节，从而实现对整个配送流程的全方位优化。

在智能配送领域，顺丰充分发挥了物联网、大数据、人工智能等尖端技术的优势，推出了多种智能设备，包括无人机、智能配送车、智能快递柜等。这些智能设备的运用，不仅大大提高了配送效率，而且极大地提升了客户的体验。

顺丰在无人机技术的应用上，实现了空中配送的壮举。无人机能够在复杂的地形和恶劣的天气条件下进行配送，这一创新举措有效解决了传统配送方式中的诸多难题。此外，无人机还具备速度快、成本低、环保等优势，进一步提升了顺丰的市场竞争力。

智能配送车的应用则是顺丰的另一大亮点。这些车辆配备了先进的传感器和导航系统，能在繁忙的城市道路上自主行驶，准确地将包裹送达目的地。智能配送车的投入使用，既降低了人力成本，又提高了配送的安全性和准确性。

此外，顺丰还积极推广使用智能手环、智能头盔等可穿戴设备。这些设备能够与顺丰的后台系统实时连接，让配送员在配送过程中随时了解包裹的状态、位置等信息。同时，这些设备还具备实时定位、紧急求助等功能，有效保障了配送员的人身安全，提升了他们的工作效率。

顺丰速运通过科技创新，不断优化配送流程，提升服务质量，以实现更高效、更便捷、更安全的服务目标。

11.3　案例分析：多方部署物流转型战略

随着全球化进程的加快，市场需求的多样化，以及技术革命的推进，物流企业需要不断地进行转型升级，以适应市场的变化。下文将通过分析一些具体的案例，探讨多方部署在物流转型战略中的重要作用。

11.3.1　Forto：致力于运输管理智能化改造

Forto（福托）是一家成立于 2016 年的数字化货运代理和供应链解决方案提供商，原名 FreightHub。这家公司以其独特的运输管理系统为核心，致力于提升货物运输的效率和便捷性，同时推动物流行业走向可持续发展。为实现这一目标，Forto 不断优化运输管理流程，以创新的技术手段降低物流成本，减少碳排放，助力全球贸易的繁荣。

Forto 的运输管理系统具有全面的功能，能够简化运输过程，提供实时的运输追踪和数据分析。该系统覆盖了运输管理的所有环节，从业务询价、货仓预定到报关等，为全球范围内的 2 000 多家企业提供海运、空运、铁路运输等多种货物运输服务和订单管理服务。这一高效、智能的系统使得物流运输更加透明、可空，让客户能够实时掌握货物动态，合理安排生产和销售计划。

Forto 的业务范围广泛，亚洲、欧洲等地均设有分公司，并计划逐年逐步扩大覆盖范围。作为一家具有强劲实力的供应链解决方案提供商，Forto 为上千家企业提供了高效的服务，深受客户信赖。为了满足不断增长的市场需求，Forto 持续加大技术研发投入，提升运输管理服务水平，致力于成为全球领先的数字化货运代理企业。

2022 年，Forto 成功完成了由技术投资企业 Disruptive 牵头、总额高达 2.5 亿美元的融资。这笔资金的注入将为 Forto 进一步拓展市场、研发创新技术、提升运输管理服务水平提供强大支持。随着物流行业数字化转型的加速，Forto 有望在未来几年内脱颖而出，成为行业翘楚，引领全球物流发展新潮流。

Forto 作为一家数字化货运代理和供应链解决方案提供商，通过其先进的运输管理系统，不仅提高了货物运输的效率，还为物流行业可持续发展作出了贡献。

11.3.2　Flexport：独创个性化物流经营模式

传统供应链体系中，信息透明度低、行业法规模糊，市场参与者分散，这无疑加剧了供应链的不透明性和低效性。然而，Flexport（飞协博）这家成立于 2013 年的数字货代企业，以其独特的运营模式和对技术创新的积极拥抱，为供应链优化提供了新的可能。

Flexport 为客户提供透明化货运服务和代理经纪人服务，客户可以通过其自主研发的软件预订卡车、飞机等运输工具。经过数年的发展，Flexport 的业务已经覆盖全球，并完成了数轮融资。与其他传统货运代理不同，Flexport 拥有自助式的科技平台，公开显示货运价格和过程，保证了信息的透明度。

Flexport 的模式特别适合中小企业，因为它整合了货运数据，公开透明地向这些企业展示货运价格，使得它们也能享受到公平的运输服务。此外，Flexport 还会为用户提供所需文件，免去了用户的额外准备工夫。在大数据的帮助下，Flexport 还能提供增值服务，从而获得更多的收益。

对于大型企业，Flexport 可以提供从货物入库到运输再到交付的一站式服务。例如，Flexport 为 Shopify 提供了全面的服务，服务范围覆盖从货物供应到货物运输等环节，甚至包括跨渠道配送中心的运营。Flexport、Deliverr 和 Shopify 三者的紧密合作，确保了 Shopify 的货物能快速送达用户手中。

在物流行业的数字化转型中，Flexport 不仅提高了企业的运输效率，还抓住机会提供了附加服务，如退税服务和货运保险服务。这些服务不仅降低了企业的运输成本，也为 Flexport 带来了更多的盈利机会。

货运行业市场前景广阔，但同时也充满了挑战。Flexport 看到了这一挑战，也看到了其中的机遇。它搭建了数字化平台，以精细化的信息整合为用户提供公开透明的运输流程，使用户能实现对运输中货物的控制。

11.3.3　北国商城：物流产业园升级 + 技术引进

成立于 2001 年的北国商城股份有限公司（以下简称北国商城），历经数十载的稳健发展，已经形成了多元化的主营业务格局，涵盖了日用百货、仓储物流等多个领域。在当前数字化浪潮的推动下，北国商城积极寻求转型升级，以适应新时代的发展需求。

为了实现物流业务的数字化升级，北国商城投资建设了高科技物流产业园。该产业园占地广阔，由七大模块组成，全方位地为北国商城的各个业务板块提供完善的供应链支持。此外，产业园还承接第三方业务，具备强大的物流配送能力，年货物配送额高达 100 亿元，彰显出其在我国物流行业的地位与实力。

北国商城深知，要想在激烈的市场竞争中脱颖而出，就必须加强与先进企业的合作。因此，北国商城与上海富勒信息科技有限公司携手合作，共同打造了一套完善的 FLUX SCE 供应链执行解决方案。该解决方案包含订单协同平台 OCP、仓库管理系统、运输管理系统（transportation management system，TMS）以及数据接口平台 DATAHUB 等核心模块，为其产业园各个模块的高效运营提供强有力的数字化供应链支持。

FLUX SCE 供应链执行解决方案具有三大显著特点：

（1）协同化。通过整合各类业务流程，实现企业内部各部门之间的高效协同，降低沟通成本，提高工作效率。

（2）可视化。借助先进的技术手段，对供应链的各个环节进行实时监控与跟踪，使管理者能够直观地了解业务运行状况，提高决策效率。

（3）智能化。利用大数据、人工智能等技术，对供应链中的各种信息进行深度挖掘与分析，为企业提供智能化决策依据，助力企业实现可持续发展。

在 FLUX SCE 供应链执行解决方案的助力下，北国商城不仅能够提升自身在物流行业的竞争力，还将为我国物流行业的数字化发展树立新的标杆。

12

第 12 章

交付数字化：为交付流程加速

数字化交付，简单来说，就是通过数字化技术手段，实现产品或服务的高效、精准、个性化交付。数字化交付作为一种新兴模式，正逐步改变着传统生产方式，引领制造业迈向新高峰。在数字经济时代，实现数字化交付的企业具有明显的竞争优势。数字化交付不仅可以帮助企业提高运营效率，降低成本，还能让企业与用户建立更为紧密的联系，从而获得更多用户的喜爱。

12.1　传统交付四大弊端

传统供应链货物交付的四大挑战包括：烦琐的交付流程导致准时率低，违约责任难以明确，需求多变，以及预测和响应能力不足。为应对这些挑战，企业需深入剖析其成因，并采取相应措施进行改进。

12.1.1　交付难且延迟率高

全球化和电子商务的迅猛发展使得货物交付在商业活动中占据了至关重要的地位。传统的货物交付流程因其复杂性和高延迟率而广受诟病。这不仅对消费者的购物体验造成负面影响，同时也增加了企业的运营成本和时间成本。

在传统的交付模式中，涉及多个环节和多方参与者，如生产商、物流公司、批发商、零售商和最终消费者。每个环节都需要耗费时间和资源来完成各自的任务，如订单处理、库存管理、包装、运输和配送等。然而，由于信息不对称、沟通不畅和流程烦琐等问题，传统交付流程往往效率低下，容易出错。

高延迟率也是传统货物交付流程面临的一大挑战。延迟交付不仅会影响消费者的购物体验，还可能导致企业失去客户的信任和市场竞争力。

究竟是什么原因导致准时交付率的低迷呢？产品的整套率低是导致准

时交付率下降的主要原因之一。所谓整套率，是指在一个订单中，所有产品都能按时、按质、按量完成生产的比率。然而，在实际操作中，由于各种原因，如原材料供应不足、生产工艺复杂、质量控制不严格等，导致很多订单无法按时完成整套生产。

供应商管控能力弱也是导致准时交付率下降的重要因素。然而，一些企业在供应商的选择上缺乏严格的筛选机制，导致供应商质量参差不齐，供货不稳定。此外，对供应商的日常管理和监督不足，使得供应商在关键时刻无法提供有力支持，进一步加剧了准时交付的难度。

生产缺乏计划性也是导致准时交付率下降的原因之一。一些企业在生产计划的制订和执行上缺乏科学性和规范性，导致生产计划频繁调整，生产进度无法得到有效控制。

传统货物交付流程因其复杂性和高延迟率而面临诸多挑战。但是，随着技术的不断进步和创新，相信未来会有更加高效、透明和实时的货物交付方式出现，为消费者和企业带来更好的体验和效益。

12.1.2 违约责任不容易划分

在商业交易中，尤其是涉及货物运输的环节，买方与运输企业之间的合作模式通常包括预付定金和尾款两部分。这种交易模式在一定程度上保障了双方的利益，但也存在一定风险。

在交易初期，买方为了表明购买意愿，通常需要向运输企业支付一部分定金。定金的作用是确保卖方在货物运输过程中能够获得一定的保障，同时也是对买方履行合同义务的约束。当货物顺利到达买方手中后，买方需要按照合同约定支付尾款，完成整个交易。

然而，在货物运输过程中，往往会遇到各种突发情况，如天气原因、物流拥堵等，这些因素都可能导致交货逾期。在这种情况下，买方不仅需要承担货物延误带来的损失，还可能面临违约责任。

那么，如何划分违约责任呢？这需要根据具体情况进行分析，如图 12.1 所示。

图 12.1 违约责任的划分

（1）运输企业原因。如果货物延误或无法交付是由于运输企业的过错，如管理不善、人员失误等，那么运输企业应承担相应的违约责任。买方有权要求运输企业赔偿因违约导致的损失。

（2）不可抗力因素。在货物运输过程中，如遇到不可抗力因素，如自然灾害、战争等，导致交货逾期，那么双方可依据合同中的相关条款协商解决。通常情况下，双方可以免除或减轻违约责任。

（3）买方原因。如果货物延误或无法交付是由于买方的过错，如未按时支付尾款、提供错误的收货地址等，那么买方应承担违约责任。运输企业有权要求买方支付逾期费用及相关损失。

（4）双方原因。如果货物延误或无法交付是由于双方共同导致的，那么双方应根据各自的过错程度承担相应的违约责任。

综上所述，在买方与运输企业进行交易时，为了避免违约责任带来的损失，双方应充分了解合同条款，明确各自的权利和义务。同时，针对运输过程中的各种风险，双方还需加强沟通与协作，共同应对可能出现的违约情况。这样，才能确保交易顺利进行，保障双方的共同利益。

12.1.3 需求多变，信息差明显

传统供应链模式在处理商品交付时，面临的一大挑战就是需求的不确定性。由于传统供应链中的企业往往只能依据当前的需求信息进行规划和生产，导致供应链上游的供应商接收到的需求数据与真实的市场需求存在不小的差距。

这种信息的不对称会导致供应链中的各个节点产生所谓的"牛鞭效应"，即需求波动在供应链中逐级放大。为了应对这种波动，上游供应商通常需要储备更多的库存，以确保下游的需求得到满足。这不仅增加了供应链的成本，还可能导致库存积压、资源浪费等问题。

以零售业为例，零售商为了应对可能的需求波动，通常需要准备更多的库存。而为了满足零售商的需求，分销商也需要储备更多的货物。这种需求波动向上游传递，生产商和零部件供应商也不得不增加库存，以应对下游的需求变化。

为了解决这个问题，许多企业开始尝试采用先进的供应链管理技术，如实时需求预测、供应链协同等。这些技术可以帮助企业更准确地获取市场需求信息，并及时调整生产和采购计划，从而减少需求信息的失真和延迟。同时，这些技术还可以促进供应链各环节之间的协同和信息共享，提高整个供应链的效率和灵活性。

除了采用先进的供应链管理技术外，企业还可以通过优化供应链结构、加强供应商管理等方式来减少需求信息的失真和延迟。例如，企业可以通过建立稳定的供应商合作关系、提高供应商的响应速度和准确性等方式来

降低供应链上游的需求信息误差。

此外，企业还可以借助大数据、人工智能等先进技术对市场需求进行深度分析和预测，从而更准确地把握市场趋势和消费者需求。

传统供应链在交付时需要考虑需求的变化性，企业应通过加强需求预测、提高供应链灵活性、加强信息沟通以及注重创新与优化等措施，降低供应链源头的供应商与实际市场需求之间的偏差。

12.1.4　无法精准预测和及时响应

在现代商业环境中，传统供应链的管理方式正面临着巨大的挑战。其中一个主要问题是无法精准预测和即时响应用户需求。传统的供应链管理依赖于预测和响应能力，然而，这种方式在应对市场变化和用户需求方面存在明显的不足。

（1）传统供应链在预测用户需求方面准确性较差。它无法在短时间内将用户需要的产品送达用户手中，这不仅导致了用户购买体验的下降，同时也让企业失去了许多潜在的销售机会。

面对用户购买力的波动以及用户心理的变化，传统供应链对用户需求预测的偏差越来越大。这种预测的准确性问题不仅影响了企业的库存管理，还可能导致产能过剩或不足，进一步增加企业的运营成本。

（2）传统供应链的响应速度较慢。由于预测时间较长，供应链在获取需求信息时往往落后于市场变化。这意味着企业在作出决策时，可获得的需求信息相对较少，因而预测的准确性较低。这种情况加剧了供应链的响应速度问题，导致企业在面对市场波动时，难以迅速、准确地调整。

此外，传统供应链在应对市场变化和用户需求方面缺乏灵活性。在面对用户需求波动时，供应链无法根据实际情况进行实时调整，从而降低了企业的市场竞争力。而且，由于供应链各环节之间的信息沟通不畅，导致企业无法迅速应对市场变化，进一步加剧了响应速度的问题。

传统供应链在预测和响应用户需求方面存在较大的问题。为了应对这些挑战，企业需要寻求新的供应链管理模式，以提高预测准确性、加快响应速度，并提高供应链的灵活性。

通过引入先进的技术和数据分析，企业可以更精准地预测用户需求，实现供应链的智能化和自动化，从而更好地满足市场需求，提高用户满意度。同时，加强供应链各环节之间的协同合作，提高信息共享和沟通效率，有助于企业在面对市场变化时迅速调整。

12.2　数字化交付方案设计

在数字化时代，企业的交付方式正在经历深刻的变革。数字化交付方案设计不仅是企业适应这一变革的重要手段，更是重塑和提升企业竞争力的关键。通过对交付过程进行数字化升级，企业可以在提高交付速度的同时，降低运营成本，提升客户满意度。

12.2.1　发挥 ETA 分析系统的价值

预计到达时间（estimated time of arrival，ETA）是用以表示货物的预估到达时间的外贸专业术语。精确预估货物的到达时间对于供应链管理至关重要，它能提升用户满意度并提高供应链效率。因此，引入 ETA 分析系统对于外贸行业的发展具有重大意义，它为外贸企业带来了五大优势，如图 12.2 所示。

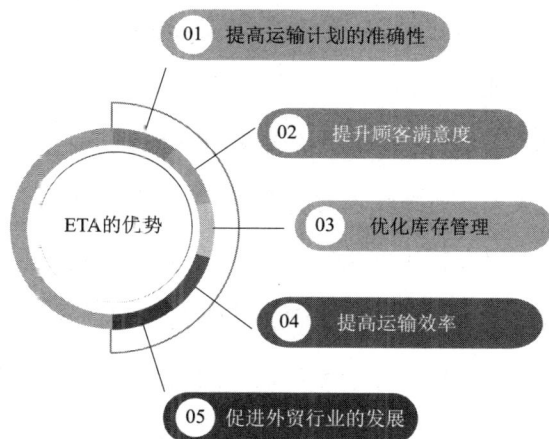

图 12.2　ETA 的优势

1. 提高运输计划的准确性

通过实时数据分析和预测模型，企业能够更精确地预估货物的到达时间，从而合理安排运输计划，降低因货物滞留或提前到达而导致的物流成本浪费。

2. 提升客户满意度

对外贸企业而言，及时交付货物是赢得客户信任的关键。通过引入 ETA 分析系统，企业能够为客户提供更为精确的货物到达时间预测，让客户对供应链过程有更好的掌控，从而提高客户满意度。

3. 优化库存管理

在供应链管理中，库存管理是一个重要环节。通过 ETA 分析系统，企业可以更准确地预估货物的到达时间，从而合理安排库存采购和销售计划，降低库存积压和缺货风险。

4. 提高运输效率

在货物运输过程中，运输工具、人员和线路等资源的合理配置对于提高运输效率至关重要。借助 ETA 分析系统，企业可以更精确地预估货物的到达时间，从而优化运输资源的分配，降低运输成本。

5. 促进外贸行业的发展

在我国外贸行业面临日益激烈的国际竞争背景下，提高供应链管理水平成为企业降低成本、提高竞争力的重要手段。引入 ETA 分析系统，将有助于我国外贸企业提升整体供应链运作效率，进一步提高国际市场占有率。

总之，引入 ETA 分析系统对外贸行业具有重要的现实意义。在外贸行业不断发展的背景下，ETA 分析系统的应用将为外贸企业带来更为广阔的市场前景。

12.2.2 智能监测运输情况，及时预警

企业在运营过程中，风险控制与管理显得尤为重要。技术的发展为企业提供了新的手段和方法，使得风险监测和预警成为可能。

作为业界领先的智慧物联网公司，G7 成功推出了首个采用 AI 算法实现预知功能的智能化车队管理系统。这一创新性技术标志着车队管理模式从移动互联网的可视化时代迈向了物联网的智能化时代。

G7 通过将基础数据接入体系，运用算法和 AI 技术对数据进行深度解析，实现了运输过程的"预测"功能。这一功能主要包括在途异常预知、任务准点率提升、实时风险预知和安全事故率降低四个方面。

智能风险预警系统是基于人、车、路三个维度，以及车道偏离、疲劳驾驶等 14 个危险场景构建的。系统会实时感知并且采集这些数据，并借助 Argus 智能算法判断车辆在途中的风险等级。管理人员可以根据实时反馈的风险状态，第一时间采取干预措施，从而有效减少事故发生。

此外，G7-007 智能化车队管理系统还能实时抓取异常停车、车辆缓行、晚发晚到预警等在途的特殊情况。通过预测货运途中的所有延误风险，

系统可以帮助提升准点率，提高车队运营人员的工作效率。

G7-007 智能化车队管理将顶尖的算法科技应用于物流运输场景，真正解决了车队管理中的时效、安全和成本问题。

利用技术创新风险监测系统和预警机制，企业可以更好地管理运输过程中的风险，保障货物安全。同时，通过提前制定应对措施，企业能够降低延期交付对业务运营的影响，提高客户满意度。

12.2.3　如何实现全渠道交付

全渠道交付是一种现代化的供应链管理策略，它旨在通过整合各种渠道和方法，实现产品和服务的高效、精准交付。在竞争激烈的市场环境下，全渠道交付对于提升企业竞争力、满足消费者需求以及优化物流运营具有重要意义。实现全渠道交付有以下四种方式，如图 12.3 所示。

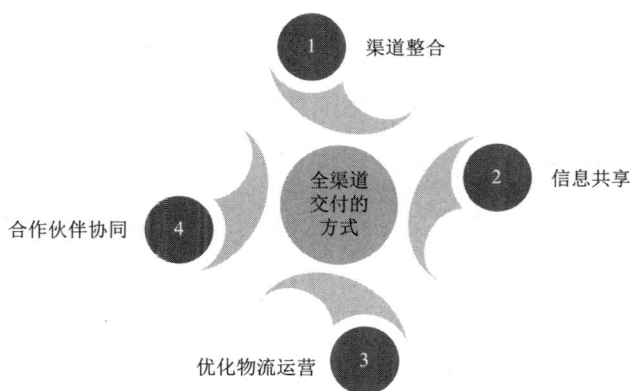

图 12.3　全渠道交付的方式

1. 渠道整合

企业需要对现有的渠道进行整合，包括线下门店、线上电商平台、物流配送等。通过整合各类渠道，企业可以实现产品销售的多元化，满足消费者在不同场景下的购物需求。此外，企业还需加强对各类渠道库存、销售数据的实时监控，以便进行精准的库存管理和需求预测。

2. 信息共享

在全渠道交付中，信息共享至关重要。企业需要与供应商、物流企业、销售渠道等合作伙伴建立信息共享机制，实现库存、订单、运输等信息的实时传递。这样既能确保供应链的透明度，又能提高各环节的协同效率，降低运营成本。

3. 优化物流运营

物流是全渠道交付的关键环节。企业应通过精细化管理、合理规划物流线路、利用先进技术（如物联网、大数据、人工智能）等方式，提高物流运营效率。

4. 合作伙伴协同

实现全渠道交付，需要与各类合作伙伴紧密协同。企业应与供应商、物流企业、电商平台等合作伙伴建立长期稳定的合作关系，共同推进全渠道交付体系的建设。此外，企业还可以通过合作联盟、产业联盟等形式，与其他企业共享资源、互补优势，实现协同发展。

综上所述，实现全渠道交付需要企业在多个层面进行努力。在未来的发展中，全渠道交付将成为企业竞争的重要战场，企业需高度重视并积极布局。

12.3 案例分析：跟着前辈学习经验

在数字浪潮席卷的今天，实现数字化交付的企业无疑拥有了更大的竞争优势。以下是三个在数字化支付领域表现出色的应用案例，通过数字化手段优化业务流程，提升服务质量，进一步巩固了市场地位。

12.3.1 日化企业的订单智能履约方案

日化企业是我国经济发展的重要组成部分，其订单的智能履约方案是提高企业运营效率、降低成本的关键。

日化行业面临的挑战日益严峻，供应链过长、需求多变以及仓储运营成本高等问题会使企业陷入发展的瓶颈。在这个基础上，多元化的渠道带来了更多新的挑战，如统一管理困难、重复备货、成本上升等。

为解决这些问题，物流科技企业安得智联为日化企业提供了全方位的解决方案，打造了数字化物流管理平台和完善的仓配网络，实现了企业物流供应链的协同和日化行业全渠道销售。这使得日化企业能够迅速响应供应链物流需求，提高工作效率和用户满意度。

在这个全链路解决方案中，安得智联运用先进的技术手段，将物流、库存、销售等环节进行高效整合。通过实时数据分析，企业能够精准把握市场动态，实现货物的快速调配和销售策略的调整。

在仓配网络方面，安得智联建立了覆盖广泛、响应迅速的仓库和配送体系。这使得日化企业能够实现多地仓储、就近配送，有效降低物流成本，同时缩短交货周期，提高客户满意度。通过优化仓储布局和配送路线，企业还能够更好地应对需求多变的市场环境，确保库存的合理控制和销售的稳定增长。

安得智联的全链路解决方案为日化企业提供了一套高效、灵活的运营模式。在数字化物流管理平台的支撑下，企业能够实现供应链各环节的协同，降低运营成本，提高响应速度。

12.3.2 运易通：线上与线下一体的物流模式

运易通平台是我国知名物流企业中国外运针对 B2B 物流服务市场推出的全国性物流电商平台。该平台汇聚了物流交易、物流履约、物流资源集约、数据及金融等多种服务功能，致力于为广大客户提供一站式的物流解决方案。

在当前全球化背景下，运易通平台紧跟行业发展趋势，以创新、智能和科技为驱动，不断提升自身核心竞争力，努力打造外运线上经营平台的新标杆。

运易通平台以服务全国、辐射全球为发展战略，积极响应"一带一路"倡议，助力我国物流业拓展国际市场。在全链路智能物流产品方面，运易通平台已成功打通中欧、中日、中韩等数条跨境线上线下物流通道，实现了全球货代进出口业务的便捷化、智能化。

通过构建智能化物流服务体系，运易通平台促进了产业链上下游企业的协同合作，实现了产业共生共荣、持续进化的发展目标。

面对跨境物流业的高质量发展需求，运易通平台立足于科技创新，不断推动产业升级。在平台运营过程中，运易通以客户需求为导向，充分利用大数据、云计算、物联网等先进技术，为用户提供个性化、精准化的物流服务。此外，运易通平台还与多家金融机构合作，为物流企业提供便捷的金融服务，降低企业运营成本，助力行业健康发展。

运易通平台作为中国外运在 B2B 物流服务领域的核心载体，积极拥抱科技创新，不断提升平台服务水平，为推动跨境物流业高质量发展贡献力量。在未来，运易通平台将继续发挥自身优势，携手产业链上下游企业，共同书写智能物流产业的新篇章。

12.3.3　西门子：在困境中探索智能交付之道

目前，我国乃至全球经济都在逐步恢复中。然而，市场的复杂性使得汽车、计算机等行业的生产受到了严重影响。零部件（尤其是半导体芯片）的短缺以及物流链的堵塞，导致生产延迟，这无疑给行业的复苏带来了巨大阻碍。

在这个背景下，西门子展现出了强大的供应链管理能力。它通过精细化管理供应商和采购环节，成功避免了供应链中断，提高了企业生产速率，以实现按时交付。这一举措不仅保障了企业的稳定运营，也为客户提供了更为可靠的商品。

随着数字化时代的到来，数据已被视为企业中最具价值的资产。西门子数字化转型的关键在于充分发掘数据潜能，实现 IT（信息技术）与 OT（操作技术）的整合，使数据发挥其价值。通过运用大数据管理系统，西门子不仅实现了生产效率的提升，生产过程的透明化，产品质量的稳定，更是预见到了柔性生产和高度定制化的产销模式。

在这一系统中，采购计划、招采、合同、执行、库存、结算等全生命周期数据得到了有效管理。这不仅提供了高效的数据储存、检索全文、分类整理与统计分析等服务，还大幅缩短了积压订单的交付时间，提高了生产效率，降低了缺货比率，加快了回款周期。

西门子通过数字化转型，以数据为驱动，实现了供应链的精细化管理，从而在复杂的市场环境中保持了企业的竞争力，为行业的复苏作出了积极贡献。这也为其他企业提供了一个很好的参考，在困境中找到突破口，实现可持续发展。

13

第 13 章
供应链金融数字化：筑牢安全防线

　　供应链金融数字化转型已成为金融支持实体经济的重要趋势。在推进供应链金融数字化转型的过程中，金融机构要充分认识安全风险，切实加强安全防范措施，筑牢安全防线，为产业链上下游企业提供安全、高效、便捷的融资服务。本章结合供应链金融的变革要点、变革方式以及相关案例介绍供应链金融数字化转型。

13.1　供应链金融是如何变革的

产业链、供应链的稳定在国民经济循环中发挥着举足轻重的作用。这一观点是基于深入的经济学理论和对现实经济活动的深刻洞察。近年来，金融机构积极发展供应链金融，以创新的方式加大对产业链上下游企业的支持力度，为维护产业链、供应链稳定提供了有效的金融服务。

13.1.1　你了解供应链金融吗

在现代经济中，供应链金融作为一种创新性的金融模式，日益受到广泛关注。它以解决供应链中不同环节的企业之间的资金流动问题为核心目标，通过整合供应链上的各种金融需求，为参与者提供一站式的金融服务。这些服务包括但不限于融资、风险管理、支付结算等，旨在增强供应链的透明度，促进各环节的协同发展，降低整体运营成本，提高供应链的竞争力。

供应链金融作为一和金融模式，其核心在于利用供应链上的贸易关系，为参与方提供融资、结算和风险管理等服务。在这个金融模式中，主要涉及三类参与者：买方、卖方和金融机构，如图 13.1 所示。它们各自扮演着重要的角色，共同推动供应链金融的发展。

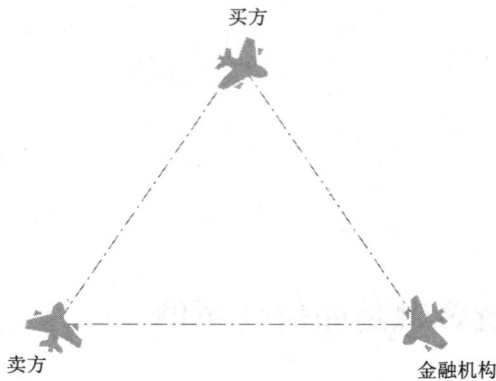

图 13.1　金融模式的三类参与者

1. 买方

买方通常是大型企业或零售商。这些企业在供应链中占据重要地位，因为它们拥有强大的购买力和需求。买方与卖方之间的贸易往来往往涉及大量资金，因此买方在供应链金融中扮演着关键角色。它们通过购买商品或服务，推动供应链的资金流动，为卖方提供销售市场。

2. 卖方

卖方则是供应链上的供应商。它们向买方提供产品或服务，以满足买方的需求。在供应链金融中，卖方希望能够获得及时的结算款项或融资支持，以确保企业运营的正常进行。卖方通过与买方和金融机构的合作，可以更好地管理现金流，降低经营风险。

3. 金融机构

金融机构是供应链金融的关键第三方。它们为供应链上的买方和卖方提供资金支持、结算服务和担保等业务。金融机构通过参与供应链金融，可以拓展业务范围，降低信贷风险。同时，它们为买方和卖方提供融资渠道，助力企业发展。

总之，供应链金融作为一种创新性的金融解决方案，正日益发挥其重要作用。随着金融科技的发展和政策支持，供应链金融将更好地服务供应链各环节。

13.1.2 供应链金融为什么必须转型

在当今经济形势下，供应链金融的重要性日益凸显，然而，传统的供应链金融模式已经无法满足企业和市场的需求。因此，供应链金融必须进行转型，以适应新的经济发展环境。

传统的供应链金融模式难以满足全球化背景下的业务需求，因此必须进行转型，以适应全球化的发展。互联网、大数据、区块链等新兴技术的出现，为金融行业带来了前所未有的发展机遇。供应链金融转型，可以充分利用这些先进技术，提高金融服务的效率和质量。

供应链金融转型可以借助互联网渠道和大数据技术，深入挖掘企业间的交易数据，为金融机构提供更为精准的信用评估依据。从而有利于金融机构更好地支持有发展潜力的企业，促进金融资源向优质项目倾斜，提高资源配置效率。

供应链金融转型有助于构建良好的供应链生态，促进产业链上下游企业协同发展。金融机构通过供应链金融业务，可以深入参与供应链管理，助力经济高质量发展。金融机构通过深入参与供应链管理，可以更好地支持先进制造业、现代服务业等高端产业发展，推动传统产业转型升级。

供应链金融转型与新兴技术的深度融合，将推动金融行业迈向智能化、数字化发展。例如，区块链技术可以实现供应链金融业务中的信息共享、降低信任成本，大数据技术可以实现对企业的精细化管理和服务，云计算技术可以为金融机构提供高效的数据处理能力等。

供应链金融转型是适应市场环境变化、支持实体经济发展的重要举措。

金融机构应抓住机遇，积极转型，为供应链上下游企业提供更加高效、便捷的金融服务。

13.1.3　技术支撑：供应链金融转型所需的技术

供应链金融转型所需要的关键技术包括大数据、云计算、区块链、人工智能等技术，如图 13.2 所示。在转型过程中，金融机构应积极拥抱新技术，不断提升自身的金融服务水平，为供应链上下游企业提供更优质的金融支持。

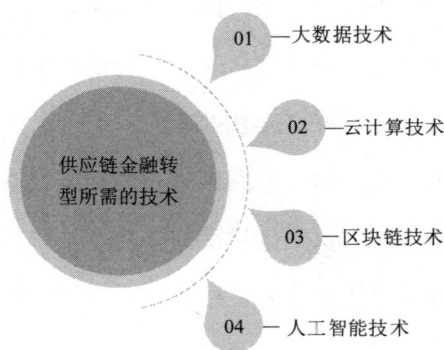

图 13.2　供应链金融转型所需的技术

通过大数据技术收集和分析供应链上下游企业的经营数据，金融机构可以更加全面、准确地了解企业的经营状况和信用水平，从而降低融资风险。此外，大数据技术还有助于金融机构为企业提供个性化的金融产品和服务，满足企业多样化的融资需求。

云计算技术为供应链金融提供了强大的基础设施支持。云计算技术可以将供应链金融业务从传统的线下模式转向线上模式，提高业务处理速度，降低运营成本。借助云计算技术，金融机构可以实现供应链金融业务的规模化、标准化和自动化，提高服务质量和客户体验。

区块链技术为供应链金融带来了去中心化、安全可靠的数据存储和传输方式。通过区块链技术，金融机构可以实现供应链上下游企业之间的信息共享，降低信息不对称带来的风险。此外，区块链技术还可以提高金融业务的透明度，便于监管机构进行有效监管。

人工智能技术在供应链金融领域的应用有助于提高金融机构的风险管理水平。通过机器学习、自然语言处理等技术，金融机构可以实现对企业经营数据的智能分析，为企业提供更加精准的融资方案。

供应链金融行业正面临深刻的转型，大数据、云计算和人工智能等新兴技术为其提供了强大的支持。金融机构应积极拥抱新技术，不断创新供应链金融业务模式，以满足市场和企业的需求。

13.2　如何实现供应链金融数字化

企业供应链金融在数字化转型的过程中，需要紧跟时代发展趋势，积极拥抱新技术。企业只有不断探索新路径、新技术，积极创新，同时企业应充分利用各类资源，扩大业务规模，增加投入。此外，企业需要关注收益，优化客户体验，运用各种技术精准预测市场趋势，加强与上下游企业的合作，实现协同发展，在此基础之上必须重视生产创新和组织赋能。

13.2.1　关键点一：不断探索，积极创新

不断探索、积极创新是供应链金融数字化的重要基石。数字化技术的飞速发展，为供应链金融带来了前所未有的机遇，也对其提出了更高的要求。金融机构需在探索中前进，不断创新，以适应数字化时代的变革。

自成立以来，云趣数科始终关注以数字科技赋能产业数字金融场景创新与业务落地，在服务市场需求的过程中逐渐形成了"四景四链"生态，如图 13.3 所示，即以区块链技术产品"存义链""银义链""信义链""企义链"为底层技术支撑，赋能"产业数字化""产融融合""融融协作""政产联动"四大场景服务，全面支持各类供应链金融业务落地与产品创新。

在传统融资业务之中，由于中小企业财务规范性差、偿债能力弱，缺乏有力的信用背书，金融机构为了控制风险，很少涉及直接针对中小企业的金融服务方案，导致中小企业缺少低成本的可用融资渠道。且供应链金融业务涉及银行、核心企业、平台等多方参与，需要对每个业务主体进行明确的"权、责、利"界定。

云趣数科"四景四链"从产融服务的数字化入口，打造政、企、银等业务主体间万亿级产融业务生态服务。供应链金融业务的持续发展，带动了业务主体的不断丰富和行业整体发展路径的完善，基于"四景四链"生态建设产融服务平台，以信息化为落地手段，充分带动政府、银行、核心企业、金融科技公司等主体的协同融合。

云趣数科依托产业基础与真实贸易背景，稳妥落地产业信息数字科技实践，打通产业链供应链的物流、商流、资金流和信息流，促进系统上下贯通，切实提升面向产业服务的能力。

云趣数科"四景四链"支撑的产业数字金融服务，通过促进资产端与资金端资源合理配置，加速数据要素价值释放。经由信用传导，银行向中小微企业提供融资贴现服务所承担的融资风险，大大降低银行业务开展风险，帮助银行机构高效低成本拓客。

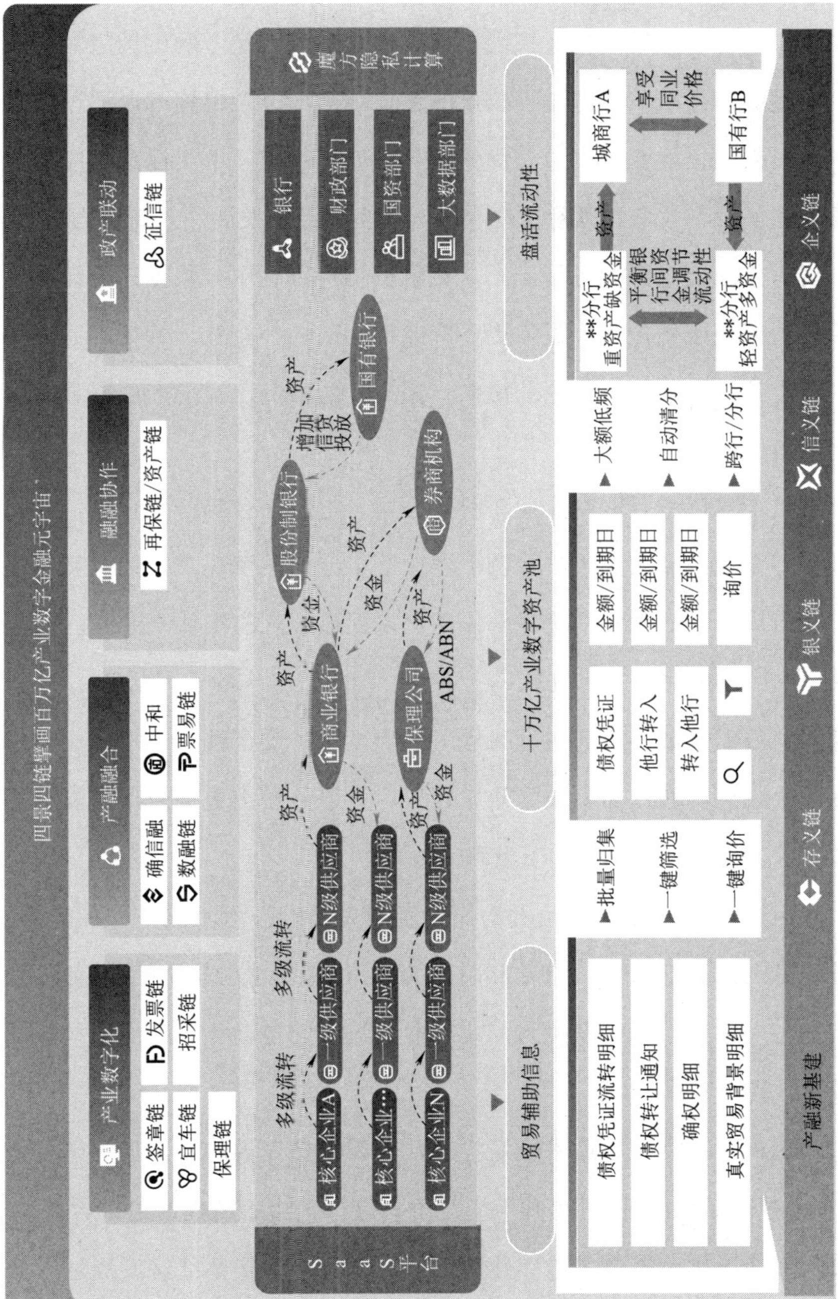

图 13.3　云趣数科的"四景四链"生态

13.2.2 关键点二：扩大规模，增加投入

实现供应链金融数字化，扩大规模、增加投入，是金融机构应对市场竞争、满足客户需求、遵循监管政策的重要举措。金融机构可以通过加大技术研发投入、拓展业务渠道、优化产品设计等手段，不断提高供应链金融业务的竞争力、效率和风险管理水平，为实体经济发展注入新动力。

在现有供应链金融业务基础上，金融机构可以利用大数据、云计算等技术手段，拓展服务范围，覆盖更多产业链上的中小企业。例如，通过与核心企业合作，为其上下游企业提供一站式金融服务，实现产业链金融服务的全覆盖。

金融机构可以与互联网企业、科技公司、电商平台等跨界合作，共同开发创新型金融产品，满足产业链上企业的多元化融资需求，拓宽业务渠道，扩大市场份额。此外，跨界合作还可以促进金融与实体产业的深度融合，助力供应链金融数字化发展。

随着科技的发展，客户对金融服务的便捷性、安全性和个性化要求越来越高。金融机构通过加大技术研发投入，可以开发出更符合市场需求的产品和服务，提高金融服务的质量和满意度。

金融风险无处不在，金融机构需要运用先进的技术手段，如大数据、人工智能等，提高风险识别、评估和防范的能力，确保金融机构的稳健发展。金融机构可以通过技术研发投入，实现业务流程的自动化、智能化，降低运营成本，提高工作效率。

金融机构应高度重视技术研发投入，紧跟科技发展趋势，加大研发力度，创新金融产品和服务，以提升市场竞争力。同时，金融机构通过扩大规模、增加投入，使得供应链金融数字化迈向更高水平，为实体经济发展注入新动力。

13.2.3　关键点三：关注收益，优化体验

供应链金融数字化已经成为当下金融行业的热门话题，同时也是产业链上下游企业关注的焦点。在推进供应链金融数字化的过程中，关注收益和优化体验是至关重要的两个方面。通过数字化手段，金融机构可以更快地为企业提供融资服务，降低融资成本，提高资金周转率。

供应链金融数字化的首要目标是提升收益。通过引入先进的数字化技术，金融机构能够更高效地为企业提供融资服务，降低运营成本，进而实现更高的利润率。此外，数字化还有助于金融机构更好地识别和管理风险，减少潜在损失，进一步增加收益。

同时，供应链金融数字化还能为产业链上下游企业带来诸多利益。例如，通过数字化平台，企业可以更快地获得融资，缓解资金压力，提高运营效率。此外，数字化平台还能为企业提供更加精准的市场信息和风险预警，帮助企业作出更明智的决策，从而实现更高的收益。

在关注收益的同时，企业也不能忽视用户体验的重要性。优化体验不仅有助于提升用户满意度和忠诚度，还能为金融机构带来更多的业务机会。

为了提升用户体验，金融机构需要关注以下几个方面：

（1）要确保数字化平台的稳定性和安全性，保障用户数据和信息安全。

（2）要提供便捷、高效的服务，让用户能够轻松办理各项业务。

（3）要关注用户需求反馈，不断优化产品和服务，以满足用户的期望。

在推动供应链金融业务发展的过程中，企业和金融机构必须关注这两个核心要素，确保业务能够持续、健康发展。企业和金融机构通过优化体验和提升收益，可以为产业链上下游企业带来更多的利益和价值，推动整个产业链的协同发展。

13.2.4　关键点四：精准预测，协同发展

供应链金融作为金融领域的一个重要分支，同样需要紧跟时代步伐，实现数字化转型升级。精准预测与协同发展是推动供应链金融数字化的重要引擎，有助于提升供应链金融业务的效率与效益。

精准预测不仅可以帮助企业更全面地了解供应链中的资金需求，为金融机构提供可靠的决策依据，还能提高融资审批的准确性，从而降低金融机构的风险。

此外，精准预测还有助于金融机构合理分配资金，将有限的资源投入到最具发展潜力的企业中。这种方法实现了资源的优化配置，有助于推动整个供应链的健康发展。同时，精准预测还有助于金融机构更好地把握市场动态，进一步降低融资成本，提高资金利用率。

协同发展有助于金融机构深入了解产业链的运行状况，从而为各环节提供定制化的金融服务。这不仅能够满足产业链上企业的个性化需求，还能为金融机构带来丰富的业务场景，促进其不断创新金融产品和服务。

供应链金融协同发展还有助于提升金融机构的风险管理能力。通过深入了解产业链的运行状况，金融机构可以更好地把握企业的经营状况，降低信贷风险。同时，金融机构还可以与企业建立紧密的合作关系，实现信息共享，进一步提高风险管理的有效性。

实现数字化转型升级，精准预测与协同发展是推动供应链金融数字化的重要引擎，能使供应链金融业务迈向更高水平，为实体经济发展注入新活力。

13.2.5　关键点五：生产创新，组织赋能

在我国供应链金融迈向数字化转型的道路上，如何把握好生产创新和

组织赋能两个要素，显得至关重要。为此，企业需要深入分析生产创新和组织赋能对于供应链金融数字化转型的影响。

生产创新是推动供应链金融数字化的重要动力。随着大数据、云计算、人工智能等技术的不断发展，金融机构可以借助这些先进技术对供应链上的企业进行全方位、多角度了解，从而更准确地评估企业的信用风险。此外，通过生产创新，金融机构还可以开发出更多适应市场需求的新型金融产品和服务，进一步提升供应链金融的业务效率和价值。

组织赋能是供应链金融数字化转型的坚实保障。组织赋能意味着通过优化组织结构、提升组织能力和激发组织活力，促使各参与方充分发挥各自优势。

这不仅有助于企业降低融资成本、提高融资可获得性，还能够为企业创造更多的商业机会，共同推进供应链金融业务的发展。此外，组织赋能还有助于强化供应链金融的风险防控能力，通过建立健全的风险管理体系，确保供应链金融业务的稳健运行。

供应链金融要在数字化转型的道路上行稳致远，一方面，要积极推动生产创新，提高供应链效率，为金融机构提供丰富的业务场景和数据支撑；另一方面，要加强组织赋能，促进各类主体协同合作，构建良好的金融生态。

13.3　案例分析：供应链金融转型指南

目前数字化浪潮的席卷，众多企业纷纷踏上了供应链金融的数字化变革之路。这一变革不仅是技术层面的升级，更是对传统供应链金融模式的深刻重塑。下面通过分析三个案例，介绍供应链金融数字化。

13.3.1 菜鸟：与众不同的"入仓即可贷"服务

阿里巴巴集团旗下的菜鸟物流宣布对其供应链金融服务进行重大改革，从原先的"专利"模式转变为全新的入仓即可贷款模式。这一变化意味着未来所有入驻菜鸟物流的商家，都将能够享受到更快速、更便捷的金融服务。

"入仓即可贷"服务是菜鸟供应链金融百亿资金的重点项目，旨在解决商家在仓储、物流等环节的资金压力。该项目凭借其快速、简便的申请流程，以及灵活的还款方式，受到了广大商家的热烈欢迎。

此次转型升级，不仅是菜鸟物流发展史上的一个重要里程碑，更是对整个供应链金融行业的一次深度改革。通过降低商家的资金门槛，菜鸟物流希望能够为商家创造更大的运营空间，激发市场活力，推动整个电商生态的持续发展。

菜鸟供应链金融的"入仓即可贷"服务在全国范围内全面推广，这一服务与国家智能物流骨干网的建设相辅相成，覆盖了整个菜鸟云仓体系。此举旨在帮助更多的企业和商家在大促活动中解决资金难题，助力我国实体经济的发展。

自菜鸟供应链金融服务推出以来，放款金额已超过百亿元。这一成绩得益于菜鸟供应链金融不断向外输出金融科技能力，使数字供应链金融服务得以渗透到更多领域。

菜鸟供应链金融的"入仓即可贷"服务不仅解决了企业和商家在大促活动中的资金问题，还推动了我国金融科技创新和实体经济的发展。

13.3.2 网商银行：积极研究数字金融解决方案

网商银行，顾名思义，是一家依托互联网技术的银行。与传统金融机构相比，网商银行的业务全面数字化。通过与阿里巴巴、腾讯等互联网巨头合作，网商银行将金融业务与电商、社交等场景紧密结合，为客户提供一站式、便捷高效的金融服务。客户只需动动手指就能完成存款、贷款、支付、理财等业务，大大降低了金融服务的门槛和成本。

网商银行以客户需求为导向。借助大数据、人工智能等技术，网商银行能够深入了解客户的需求和行为，为客户提供个性化的金融产品和服务。例如，根据客户的购物、支付等数据，网商银行可以精准地为客户提供消费贷款、信用评级等服务。

网商银行强调实时性和创新性。凭借互联网的快速响应能力，网商银行可以迅速调整业务策略，推出符合市场需求的创新产品。2024 年 4 月 10 日网上银行宣布，将"大雁系统"全面升级，这次升级的目标是将它打造成为一股培育新质生产力的强大力量，成为扩内需、促消费的重要增长工具。

此外，它还将致力于推动服务业数字化进程，从而稳定就业形势。通过这一系统，网商银行将有能力为各行业提供精准滴灌式的金融支持，推动产业转型升级，培育新的经济增长点。

网商银行作为数字化时代的新型金融机构，以其便捷、高效、个性化的服务受到了广大客户的欢迎。在政府支持和监管部门的指导下，网商银行有望为我国金融市场注入新的活力，助力实体经济发展。但同时，网商银行也需要不断克服挑战，提升自身风险管控能力，为客户提供更优质的金融服务。

13.3.3　微众银行：为企业解决资金与资源问题

作为国内首家民营银行，微众银行自成立以来，便以服务中小型企业为己任，致力于为广大中小企业提供高效、优质的金融服务。在当前经济形势下，微众银行明确自身定位，瞄准重点领域，进一步提升了自身的服务能力，为我国现代化产业体系的建设贡献了力量。

为了更好地推动重点领域的企业发展，微众银行积极发挥自身在数字金融服务领域的优势。通过与互联网技术的深度融合，微众银行创新推出了诸多差异化服务，旨在满足不同企业在不同发展阶段的需求。这些服务不仅提高了企业融资的可获得性，还降低了融资成本，切实解决了企业痛点。

微众银行通过数字化手段优化内部运营管理，实现业务流程的简化、自动化，降低了运营成本。在此基础上，微众银行持续改进客户服务体验，提升客户满意度，为小微企业提供更贴心、便捷的金融服务。

此外，微众银行借助数字化技术将金融服务拓展至更广泛的小微企业群体。通过降低用户使用门槛，微众银行让更多小微企业享受到实实在在的"获得感"，为实体经济发展注入新活力。

微众银行将一如既往地秉持科技驱动、创新发展的理念，携手各方合作伙伴，共同为我国数字供应链金融服务领域的发展贡献力量，推动现代化产业体系建设迈向新高度。在新时代的征程中，微众银行将继续以科技创新为引领，为我国金融产业的繁荣和发展注入新的活力。